Manfred Karsch

Die Schätze des Franziskus von Assisi

Entdeckendes Lernen zum Leben eines besonderen Christen für die Klassen 3–6

Mit 19 Abbildungen und digitalem Zusatzmaterial
unter http://www.v-r.de/Schätze_des_Franziskus
Passwort: ksPuBZ6m

Vandenhoeck & Ruprecht

Mit 19 Abbildungen

Umschlagabbildung: © Grundschule Westerheim,
Fotograf: Michael Eberhard, Ottobeurer Straße 12, 87784 Westerheim
Die Redaktion dankt der Grundschule Westerheim ganz herzlich für Ihre Unterstützung und die Erlaubnis, das Franziskus-Tonrelief verwenden zu dürfen. Es wurde im Rahmen eines gemeinschaftlichen Projekts erstellt und ziert seit 1997 als Zeichen für den Schulpatron eine Außenwand der Schule.
Ganz herzlich bedanken sich Redaktion und Autor auch bei Sr. M. Wiltrud Frisch sowie St.-Franziskus-Gymnasium und -Realschule in Kaiserslautern für die Erlaubnis, den Ausschnitt aus dem Franziskus-Fries in der Franziskus-Halle der Schule in Material B8 (S. 40) verwenden zu dürfen.

Copyright für Abbildungen in E8: © imago/Milestone Media; © imago/epd; © imago/ITAR-TASS; © imago/Ulmer/Lingria; © imago/Insidefoto; © imago/Independent Photo Agency

Bibliografische Information der Deutschen Nationalbibliothek

Die Deutsche Nationalbibliothek verzeichnet diese Publikation in der Deutschen Nationalbibliografie; detaillierte bibliografische Daten sind im Internet über http://dnb.d-nb.de abrufbar.

ISBN 978-3-525-77688-9

Satz: textformart, Göttingen
Druck und Bindung: ⊕ Hubert & Co GmbH & Co. KG, Robert-Bosch-Breite 6, 37079 Göttingen

Gedruckt auf alterungsbeständigem Papier

Inhalt

Theologische und religionspädagogische Überlegungen

Schatzsuche im Religionsunterricht

„Schatzsuche" – bei den Geburtstagen meiner Kindheit gehörte dieses Spiel zu den Highlights. Irgendwo war ein Schatz versteckt, eine mit merkwürdigen Zeichen und Andeutungen versehene Karte führte in Etappen zu weiteren Informationen und schließlich zu einem wunderbaren Schatz, der meistens aus Süßigkeiten bestand, und der wurde dann unter den kleinen Schatzsuchern als Beute ehrlich und gerecht geteilt. Dass dieses Spiel bereits lange vor dem heute beliebten Geocaching – eine digitale Schatzsuche mit Smartphone und Tablet – möglich und vor allem spannend war, ist Kindern und Jugendlichen kaum noch bekannt. Nicht erst seit dem Roman *Die Schatzinsel* von Robert Louis Stevenson, dem schon legendären Kinderbuch *Komm, wir suchen einen Schatz* von Janosch oder auch dem Indiana-Jones-Film *Jäger des verlorenen Schatzes* von Steven Spielberg ist die Suche nach einem Schatz mit einer Mischung aus Spannung, intensivem Suchen und Entdecken, Ausdauer, Überraschung und schließlich Freude daran, etwas Unbekanntes, etwas ganz Neues oder etwas lange Verstecktes entdeckt zu haben, verbunden.

Die Lust am Entdecken, die Kinder trotz Wandel der Lebenswelten seit den Geburtstagen unser Kindheit nicht verloren haben, ist der Ausgangspunkt der fünf Schatzinseln im Religionsunterricht in diesem Buch: Lernlandschaften im Klassenraum initiieren eine Schatzsuche. Aus einer Schatzkiste werden Briefe entnommen, die ein gewisser Franz seinem Freund Leo schreibt. Darin berichtet er von seiner Jugend, dem Streit mit dem Vater, dem Verlust seiner Familie und darüber, wie er neue Brüder und Schwestern findet und mit ihnen zusammenlebt.

In den Schatzkisten entdecken die Schülerinnen und Schüler „Kostbarkeiten" des christlichen Glaubens an einer besonderen Gestalt der Kirchengeschichte: Franz von Assisi (1181–1226). Und wie in einer russischen Matrjoschka-Puppe verbergen sich in dieser Gestalt gleich weitere Schätze des christlichen Glaubens und die Schatzsuche führt weiter bis hin zu Jesus von Nazareth, in dem Franz von Assisi einen ganz besonderen Bruder entdeckt. Schatzinseln im Religionsunterricht: **Worum geht es?**

Ein ökumenischer Heiliger! – Konfessionelle Kooperation im RU

Franz von Assisi gehört zu den Heiligen der gemeinsamen Kirchengeschichte der römisch-katholischen und der evangelischen Kirche. Nicht zuletzt durch die von Papst Johannes Paul II. initiierten Weltgebetstreffen gewinnen Franz, sein Geburtsort Assisi und der Ort der Aufbewahrung seiner Reliquien in der dortigen Basilika auch für andere Konfessionen und Religionen symbolische Bedeutung.

Und Franziskus ist im katholischen wie im evangelischen Religionsunterricht kein Unbekannter: Eigentlich ist seine Lebensgeschichte ein Klassiker des Religionsunter-

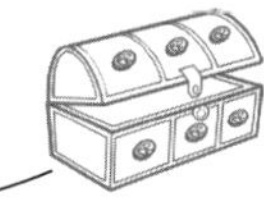

richts beider Konfessionen.[1] Sein Sonnengesang findet sich in vielen Varianten nicht nur in Schulbüchern, sondern auch in Andachtsliteratur und auf Geschenkkarten. Eine Vielzahl von Bilderbüchern bringt selbst schon den ganz Kleinen in evangelischen wie katholischen Kindertageseinrichtungen die Episoden seiner Lebensgeschichte nahe, von denen die Vogelpredigt und der Wolf von Gubbio wohl die Bekanntesten sind.

Mit dem ökumenischen Heiligen Franziskus lässt sich ein **konfessionell-kooperativer Religionsunterricht in der Grundschule wie in den ersten Klassen der weiterführenden Schulen** anbahnen![2] Konfessionelle Kooperation im Religionsunterricht ist mehr als „Religion im Klassenverband", sondern nimmt die religiös heterogene Lerngruppe ernst, lässt Schülerinnen und Schüler Gemeinsamkeiten und Unterschiede in den Glaubenswegen der Konfessionen suchen und entdecken. Einen Überblick, wie Inhalte und Kompetenzerwartungen der Lehrpläne beider Konfessionen in ausgewählten Bundesländern exemplarisch für den Grundschulbereich verknüpft werden können, findet sich im Downloadmaterial.

Die Lernchancen konfessionell-kooperativer Arbeit ergeben sich an der gemeinsamen Lernarbeit an einer Gestalt der gemeinsamen Kirchengeschichte der Konfessionen als ein „differenzsensibles Angebot": Der Lebensweg des Franziskus gibt nicht nur Anlass zu staunendem und kritischem Fragen, ob es möglich ist, „wie Jesus zu leben", sondern auch, ob Franziskus ein vorbildlicher Christ oder ein Heiliger gewesen ist. In Ansätzen kann eine Antwort gesucht werden, was es heißen kann, als Christ oder Christin in unserer Zeit zu leben. Dabei kann auch der Frage nachgegangen werden, was den derzeitigen Papst bewogen haben mag, sich den Namen Franziskus für sein Pontifikat zu wählen.

Bruder Franz und die Schüler – Ein Gespräch auf Augenhöhe

In den Unterrichtsentwürfen für den Primarbereich und den ersten Jahrgängen der Sekundarstufe und in der religionspädagogischen Diskussion ist es zuletzt merkwürdig still um Franziskus geworden. Dies änderte sich mit dem „franziskanischen Frühling", initiiert durch die Namensgebung des zum Oberhaupt der römisch-katholischen Kirche gewählten Jorge Mario Bergoglio als Papst Franziskus (13. März 2013) zumindest in der religionspädagogischen Diskussion: Die katholischen *Katechetischen Blätter* ebenso wie *ru intern* auf evangelischer Seite widmen dem Franziskus/ Franz von Assisi eigene Themenhefte[3]. Neue Unterrichtsentwürfe[4] für die Primar- und

---

1 Siehe dazu exemplarischen Überblick über die Lehrpläne für Grundschule und Gymnasium im Downloadmaterial.

2 Zur Diskussion um konfessionelle Kooperation im Religionsunterricht ist die neueste Denkschrift der EKD zum Religionsunterricht hilfreich: Kirchenamt der EKD (Hg.) (2014): Religiöse Orientierung gewinnen. Evangelischer Religionsunterricht als Beitrag zu einer pluralitätsfähigen Schule. Gütersloh; Schröder, Bernd (Hg.) (2014): Religionsunterricht – wohin? Modelle seiner Organisation und didaktischen Struktur. Neukirchen-Vluyn.

3 KatBl 139 (2014) Heft 3; ru intern 2/2014, darin auch der Beitrag: Karsch, Manfred: Jesus von Assisi – Mit einem Film im kompetenzorientierten Religionsunterricht arbeiten, S.7–9; zuletzt für den Bereich der Grundschule: von Braunmühl, Susanne (2015): Wer bist du, Franziskus? Lernen an Heiligen: Franziskus von Assisi, in: Grundschule religion:, 1/2015, S.14–16.

4 Linker, Juliane (2013): Franz von Assisi. Ein fächerübergreifender Unterrichtszyklus zum Leben und Wirken eines faszinierenden Christen. Augsburg; vom Stein, Gunther (Hg.) (2013): Franz von Assisi. Aachen; Blumenhagen, Doreen (2013): Der heilige Franziskus. Ein Stationenlernen zum Leben von Franz von Assisi. Stuttgart.

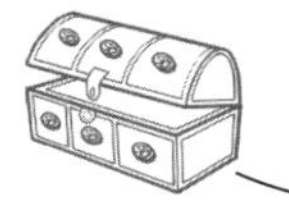

Sekundarstufe zeigen allerdings auch, dass weitgehend an die älteren Unterrichtsideen zu Franziskus angeknüpft wird: Das Franziskus-Thema wird zu einem Lehrstück der Kirchengeschichte oder die umfangreiche Bilderbuch- und Kinderbuchliteratur[5] reduziert Franziskus auf einen Freund der Tiere.

Die fünf Lernlandschaften in diesem Buch möchten einen neuen Weg gehen. Sie entdecken in Franz einen kompetenten und authentischen Gesprächspartner in Glaubensdingen und theologischen Themen. Damit bringen sie ihn mit den in Glaubensdingen und theologischen Fragen ebenso kompetenten Schülerinnen und Schülern ins Gespräch. Der allmähliche Aufbau eines historischen Faktenwissens tritt nicht gänzlich in den Hintergrund, es wird den Lehrerinnen und Lehrern als Info-Material zur Verfügung gestellt. Die Geschichte des jungen Franz im mittelalterlichen Italien bis hin zum Tod des Franziskus in der Einsiedelei La Verna entdecken die Schülerinnen und Schüler aber durch (fiktive) Briefe des Franz an seinen besten Freund und Weggefährten, Bruder Leo. Damit wird aus einem vermeintlichen Heiligen der Kirchengeschichte tatsächlich der Bruder Franz, mit dem Schülerinnen und Schüler auf Augenhöhe ins Gespräch kommen! Diese Briefe bilden den Ausgangspunkt zu weiteren Entdeckungen in der Lebens- und Erfahrungswelt des Franz. Sie eröffnen für Schülerinnen und Schüler die Lernchance, sich mit großen Themen der Theologie und des Glaubens auseinander zu setzen. **Wie geht das?**

Schatzinseln im Klassenraum

Kinder sind nicht nur kleine Schatzsucherinnen und Schatzsucher, wenn es um das Entdecken von versteckten Süßigkeiten geht. Kinder sind auch große Fragensteller und ebenso große Antwortgeber, wenn es um die wichtigen Fragen des Lebens, des Zusammenlebens und des Überlebens geht: „Wem gehört die Welt? Für wen und für was bin ich verantwortlich? Von wem lasse ich mir etwas sagen? Wer gehört zu mir und zu wem gehöre ich? Wer ist Gott für mich und ich für ihn? Ist Frieden möglich? Wer geht mit mir auch die schweren Wege? Und was hat das alles mit Jesus zu tun?" Diese großen Fragen decken die klassischen Bereiche der Theologie ab, beginnen bei der Suche nach dem Verstehen biblischer Texte und reichen bis zur Gotteslehre und Schöpfungstheologie, der Christologie und Ekklesiologie. Sie greifen schließlich die Fragen der Ethik und die Suche nach den „letzten Dingen" des eigenen Lebens wie im Leben unserer Welt auf.

Es deutet sich an, dass die vorgestellten Unterrichtsideen sich im Rahmen des Konzepts der Kindertheologie und des Theologisierens mit Kindern bewegen. Die Schatzinseln im Klassenraum und das darauf abgestimmte Lernangebot initiieren theologische Gespräche mit Franz von Assisi. Die Schülerinnen und Schüler entdecken: Franz von Assisi ist nicht nur der, der mit den Vögeln spricht oder den Wolf zähmt. Franziskus ist weder der fromme Träumer noch einfach nur ein lieber Mensch. Die Geschichten, die von ihm erzählt werden, und die wenigen Originaltexte aus seiner eigenen Hand, die man aus dem Sturm oder vielmehr aus dem Feuer der schnell aufkommenden Heiligenverehrung retten konnte, zeigen Franziskus als einen ganz besonderen Christen, dem es gelingt, Theologie und Lebensideale in

5 Siehe dazu die Literaturliste auf Arbeitsblatt **C6**.

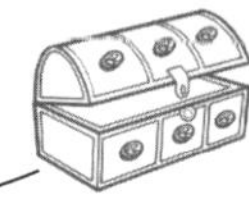

unnachahmlicher Weise miteinander zu verbinden. Mit seinem Leben und seinen Schriften spricht er alle wichtigen Themen und Fragen an, die auch heute noch große und kleine Menschen, die lernen wollen als Christen und Christinnen in unserer Zeit zu leben, bewegen können. **Was machen wir?**

Schatzkisten voller Fragen und Antworten

Auf jeder Schatzinsel steht eine Schatzkiste. Sie eröffnet eine Welt, die zwar längst vergangen und fremd ist und auch ein bisschen befremdend bleiben soll. Aber der Inhalt dieser Schatzkisten zeigt ein Lernangebot zum kreativen Erarbeiten der großen Fragen und Antworten, die Franz und die Schülerinnen und Schüler miteinander verbindet. Legematerial, Naturmaterialien, Buntstifte, Texte, Bilder und Lieder kommen dabei ebenso zum Vorschein wie aktuelle Unterrichtsmedien des digitalen Zeitalters: Smartphone, Digitalkamera und Beamer. Die Schülerinnen und Schüler arbeiten in unterschiedlichen Sozialformen und nutzen oft Lernformen, die ihnen eigene Zugänge und individuelle Lernwege ermöglichen. Die Schatzinseln sind Lernlandschaften, sie schaffen Bedingungen, „die es jedem Lernenden und jeder Lernenden ermöglicht, sich im weiteren Feld eines gemeinsamen Unterrichtsvorhabens eigene Lernwege zu planen und durchzuführen."[6] Denn manchmal tun sich überraschend verborgene Schätze neu auf, wenn wir entdeckendes Lernen auf alternativen Lernwegen zulassen und ein Zielareal formulieren, in dem individuelle Lernleistungen im Rahmen der Lerngruppe eine Wertschätzung aller kleinen und großen Entdecker erhalten. Rastplätze und Zielpunkte auf diesen Schatzinseln im Klassenraum sind immer wieder die theologischen Gespräche, die über die Lebensstationen des Franziskus, seine Geschichten und seine Einsichten geführt werden können.

Mit diesen Sätzen ist eigentlich alles gesagt, was Sie benötigen, um mit dem Material und den Unterrichtsideen in diesem Buch zu arbeiten. Wichtige Informationen zur Vorbereitung, dem Ablauf und den besonderen Lernangeboten erhalten Sie in den jeweiligen Kapiteln.

Schlüssel-Erlebnisse – die kleinen Wege zu den Schätzen des Franziskus

Einige Lehrkräfte zögern vielleicht: „Schatzinseln, Schatzkisten, gestaltete Mitte – Ist der Aufwand vielleicht zu groß für mich?" Andere werden einwenden, dass die räumliche Situation in der Schule solche Gestaltungen kaum zulässt. Meine Erfahrung ist, dass sich für den Verlauf des entdeckenden Lernens und die Ergebnisse der (kinder-)theologischen Gespräche die Vorbereitung lohnt. Das Auge lernt mit – ästhetische Lernarrangements und ein entsprechendes Design der Lernangebote motivieren und setzen kreative Impulse frei. Dazu möchte ich sie ermutigen.

---

6 Büttner, Gerhard/Mendl, Hans (2012): Lernlandschaften – religionspädagogisch durchbuchstabiert. In: Religion lernen – Jahrbuch für konstruktivistische Religionsdidaktik, Bd3/2012: Lernumgebungen. S.42.

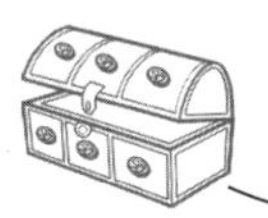

Dennoch können manche Lernwege auch mit alternativen Schritten gegangen werden. Sie finden deshalb beim Aufbau jeder Schatzinsel auch einen Abschnitt, der mit einem Schlüssel gekennzeichnet ist. An dieser Stelle gibt es Hinweise darauf, welche anderen Wege im Umgang mit den angebotenen Materialien möglich sind. Als Vorbereitung sollten aber auf jeden Fall die unter dem Abschnitt Lernchancen zusammengefassten thematischen und didaktischen Überlegungen gelesen werden.

Mit diesen Sätzen ist eigentlich alles gesagt, was Sie benötigen, um mit dem Material und den Unterrichtsideen in diesem Buch zu arbeiten. Vielleicht nehmen Sie sich aber noch ein wenig Zeit und lesen meine Antworten auf die Frage: **Warum gerade Franziskus im Religionsunterricht?**

Franziskus – ein Zwilling Jesu?

Mit Franziskus, einer Gestalt der Kirchengeschichte, verlässt die Reihe zum Entdeckenden Lernen[7], die mit der Geburtsgeschichte Jesu nach Matthäus über Passion und Ostern desselben Evangelisten hin zu Paulus und seinen christologischen Einsichten führt, den Rahmen des neutestamentlichen Kanons als Gesprächsgrundlage theologischer Gespräche mit Schülerinnen und Schülern. Gemeinsam ist allen diesen Unterrichtssequenzen, dass sie weniger Wert legen auf die Suche nach einem „historischen Jesus“ oder einem „historischen Paulus“. Das Faktenwissen spielt eine nebengeordnete Rolle und ist eher Hilfsmittel für die zu initiierenden theologischen Gespräche mit Schülerinnen und Schülern. Die Reihe des entdeckenden Lernens möchte Anlässe zur Theologie von und mit Kindern und für Kinder eröffnen.

Mit Franziskus als Gesprächspartner ist dies nicht anders[8]: Bereits zu seinen Lebzeiten, dann durch die Drei-Gefährten-Legende, den Legenden über Franz in den Fioretti, durch die Franziskusbiografien des franziskanischen Ordensgenerals Bonaventura (1257–1274) und nicht zuletzt durch die sofortige Heiligsprechung nach seinem Tod und den Bau einer monumentalen Basilika über seiner Grabstätte, die er selbst eigentlich ganz bescheiden halte wollte, wurde – auch aus kirchlichem Interesse – die Gestalt eines „Super-Heiligen“[9] geschaffen, der im Laufe der Kirchengeschichte weitere Konstruktionen seiner Person folgen sollten: als Ketzer, als Reformator, Rebell der Jugendgeneration und erster Hippie, Naturfreund und Tierliebhaber. Mit der Wahl seines Papstnamens hat schließlich Jorge Mario Bergoglio eine erneute Rekonstruktion des Franziskus vorgenommen und sich selbst im Namenswechsel neu definiert.

---

7 Karsch, Manfred u. Bussmann, Cornelia (2012): Unser Stern über Bethlehem. Entdeckendes Lernen zur Adventszeit mit den Klassen 3–6. Göttingen; dies. (2013): Mit Jesus auf neuen Wegen. Entdeckendes Lernen zu Passion und Ostern mit den Klassen 3–6. Göttingen; dies. (2013): Jesus begegnen. Entdeckendes Lernen mit Paulus für die Klassen 3–6. Göttingen.

8 Das Faktenwissen über Franz von Assisi wird an dieser Stelle auch nicht weiter ausgeführt, sondern kann von der Lehrperson den jeweiligen Lehrerinformationen, die sich im Material zu jeder Schatzinsel befindet (**A2, B2, C2, D2, E2**) als Grundlage eingesehen werden.

9 Siehe dazu: Dieterich, Veit-Jakobus (2011): Heiliger – Ketzer – Protestant – Maskottchen? Konstruktionen des Franziskus in Kunst, Kirchengeschichte und Religionsunterricht. In: Religion lernen – Jahrbuch für konstruktivistische Religionsdidaktik Bd.2 (2011), S.68–84.

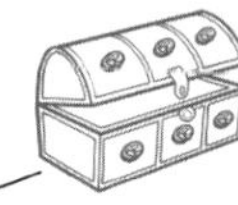

Allen Konstruktionen und Rekonstruktionen des Franziskus gemeinsam ist vermutlich eine Konstruktion, die auf Franziskus selbst zurückgeht, deren Inszenierung er also selbst veranlasste: Nicht in der Nachfolge Jesu, als Jünger Jesu, sondern in der Identifizierung mit Jesus (Imitatio), dem Ineins-Werden, vollzieht sich sein besonderer Zugang zum christlichen Glauben. Franziskus konstruiert sich selbst als Zwilling Jesu und initiiert damit eine Zeitgleichheit mit Jesus über 1200 Jahre Kirchengeschichte hinweg. Auch wenn sich diese Neukonstruktion erst im Zuge der Wandlung seiner Persönlichkeit vom jugendlichen Troubadour und „Möchtegern-Ritter" zum heimatlosen Bettelmönch ergab, deuten sich mit der Imitatio Christi grundlegende Entscheidungen an, die dann weitere theologische Konsequenzen und Fragen nach sich ziehen und sich im künftigen Lebensstil des Franz äußern.

Wie lebt man eigentlich, wenn man wie Jesus leben will?

Die Frage nach dem Gelingen oder auch Scheitern eines solchen Vorhabens, eines solchen Lebensprojekts, darf durchaus gestellt werden und bereits Schülerinnen und Schüler der Grundschule werden als Gesprächspartner des Franz nach einer Antwort suchen. Jede Zeit konstruiert Christsein neu, lernt dabei aber mit und an den Erfahrungen der Vorangehenden. Damit ist eine Aufgabe der Religionspädagogik und des Religionsunterrichts benannt, die gerade in Zeiten des Traditionsabbruchs Bedeutung gewinnt: „Lernen als Christ leben zu können"[10] – eine Aufgabe, die Christian Grethlein als Hauptziel des Religionsunterrichts in der Grundschule bezeichnet, bezieht sich deshalb im Kern nicht nur auf „Beten und Gesegnet-Werden (bzw. Segnen) als grundlegende Formen des Christseins"[11], sondern auch auf die Grundformen christlicher Lebensweisen, die sich auf mich selbst (christliche Identität), auf das Zusammenleben mit anderen (christliche Gemeinschaft), mein Verhältnis zur Mitwelt und Umwelt (christliche Verantwortung) sowie nicht zuletzt auf meine Beziehung zu Gott und Jesus Christus (Vertrauen und Hoffnung aus christlichem Glauben) richten. Für diese Grundformen des christlichen Glaubens hat Franziskus äußerst radikale Formen gefunden: Besitzlosigkeit, Heimatlosigkeit, eine Gemeinschaft ohne Oben und Unten, Friedfertigkeit und Solidarität mit allen Geschöpfen und schließlich eine besondere Verbundenheit zu Jesus, die sich in Bereitschaft zum Leiden zeigt, selbst den Tod zum Bruder werden lässt und symbolisch in der Stigmatisierung mit den Wundmalen Jesu einen Ausdruck findet.

Franziskus – Angebot einer Lernchance: „Lernen, als Christ leben zu können?"

Konstruktions- und Rekonstruktionsversuche zu Franz von Assisi laufen derzeit einlinig auf ein gemeinsames Urteil hinaus, das Hans Mendl so formuliert: „... dass sich Franz einem unüberlegten Nachahmungslernen entziehen muss."[12] Entzieht sich da-

10 Grethlein, Christian/Lück, Christhard (2006): Religion in der Grundschule – ein Kompendium. Göttingen, S.120.

11 Ebd., S.122.

12 Mendl, Hans (2014): Ambivalenz der Lernchancen: Franz von Assisi. In: Katbl 139 (2014), S.174.

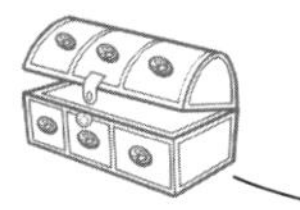

mit Franziskus als „Unterrichtsthema“ bereits den Schülerinnen und Schülern in der Grundschule? Keineswegs. Denn eine solche Einsicht ermöglicht erst das theologische Gespräch mit ihm. Mit einem Gegenüber, dem man auf der ganzen Linie zustimmen kann oder den man wegen seiner Radikalität voll und ganz ablehnen muss, kommt überhaupt kein Gespräch zustande. Gerade die „Ambivalenz als Lernchance“[13] – wie es Hans Mendl nennt – macht ihn zu einem attraktiven Gesprächspartner. Von den Lernchancen, die Mendl nennt, bieten die Schatzinseln folgende Lernlandschaften an:

- Lernchance Schöpfungsliebe
  Kinder fragen: Kann ich im Einklang mit Gottes Schöpfung leben? Ist alles auf der Welt gut und schön? Wo sind die Grenzen? Sind auch Krankheit und der Tod ein Freund und ein Bruder?
- Lernchance Armut
  Kinder fragen: Ohne Geld, ohne Heimat, ohne Familie? – Brauche ich das alles nicht doch, um sicher und beschützt in meiner Welt leben zu können? Muss das wirklich sein, um Christ zu sein?
- Lernchance Gottsuche
  Kinder fragen: Wer ist Gott für mich? Bin ich wirklich gewollt und geliebt?
- Lernchance Nächstenliebe und Gemeinschaft
  Kinder fragen: Wer ist gut für mich und zu wem darf ich gut sein? Wer ist mein Freund und wer meine Freundin? Wie können wir miteinander leben?
- Lernchance interreligiöses Lernen und Frieden
  Kinder fragen: Es gibt Menschen, die einen anderen Glauben haben? Es gibt Menschen, die glauben an nichts? Es gibt Menschen, die führen Krieg wegen ihres Glaubens? Was müssen wir tun, damit alle in Frieden glauben und miteinander leben?

Sichtweisen auf den Schatzinseln – Qualitäten des Verstehens

Die Lernwege auf den Schatzinseln zeichnen wie auf einer Schatzkarte nur vage Wege zum gemeinsamen Zielort des Lernens. Wo mancher ein Fernrohr braucht, genügt dem anderen ein waches Auge oder eine ruhige Hand, der dritte nimmt Stift und Papier. Nicht nur zur Vorbereitung von theologischen Gesprächen kann es hilfreich sein, eine Sache aus mehreren Blickwinkeln betrachtet zu haben oder sie sich unter einer besonderen Fragestellung näher angesehen, erlebt und im symbolischen Sinne „begriffen“ zu haben. Für die didaktisch-methodische Gestaltung der Unterrichtsprojekte zum entdeckenden Lernen ergeben sich Anregungen durch ein Konzept aus der Unterrichtsentwicklung, den sechs Qualitäten des Verstehens:

Wissen ist noch nicht verstehen. Im Unterricht wird das tiefe Verstehen von Inhalten und Phänomenen oft vernachlässigt, was vielfach damit zusammenhängt, dass Schülerinnen und Schüler zu wenig im Verstehen geschult sind. Die Methode der „6 Qualitäten des Verstehens“ dient dazu, das Verstehen in den sechs relevanten Qualitäten aus Schüler/innen-Sicht zu fördern. Wenn alle sechs Qualitäten berücksichtigt werden, kann man davon ausgehen, dass ein nachhaltiger Verstehensprozess stattfindet.[14]

---

13 Ebd., S.174.

14 Hartmann M./Mayr K./Schratz M.: Starke Lernumgebungen schaffen, in: Friedrich Jahresheft 2007,125.

Diese sechs Qualitäten des Verstehens werden wie folgt bestimmt:

- Vorwissen – „anknüpfen“
- Empathie – „einfühlen“
- Interpretation – „deuten“
- Vermittlung – „erklären“
- Umsetzung – „anwenden“
- Perspektive – „erweitern“

Auf allen Schatzinseln und in allen Schatzkisten verbergen sich also unterschiedliche Zugänge und Wege, die es den kleinen Jägerinnen und Jägern des verborgenen Schatzes ermöglicht, selbst Antworten auf die Frage zu finden, wie man denn heute als Christin und Christ leben kann.

Ich wünschen ihnen mit ihren Schülerinnen und Schülern viel Freude auf den Schatzinseln und beim Auspacken der Schatzkisten. Wenn Sie mir ihre Erfahrungen, Lernergebnisse und weitere Ideen mitteilen möchten: Sie erreichen mich unter *manfred.karsch@schulreferat-herford.de*.

Herford, im September 2015
Manfred Karsch

1. Schatzkiste: Schwester Sonne, Bruder Mond, Mutter Erde – die Schöpfungsfamilie

Methodisch-didaktische Hinweise

MATERIAL

Anknüpfen	Der Sonnengesang – Das Lob auf eine besondere Familie hören und mit Farben gestalten	➠ Eine Schale oder ein Korb mit Figurenkegeln aus Holz in unterschiedlichen Formen, Wollfäden in unterschiedlichen Farben und Längen ➠ Eine Schatzkiste, darin: ➠ Übertragung des „Sonnengesangs" in Auswahl (A1) in einem Briefumschlag mit der Aufschrift „Laudato si, o mio signore" ➠ Tücher für eine gestaltete Mitte: Gelb, Rot, Dunkelblau, Mittelblau, Hellblau, Braun; weitere Materialien (s. unter Vorbereitung) ➠ Lehrerinfo zum Sonnengesang (A2) ➠ Karteikarten mit den ausgewählten Strophen des Sonnengesangs (A3)
Einfühlen und Deuten	Die Sprache der Bilder – Das Loblied malen	➠ Karteikarten mit den ausgewählten Strophen des Sonnengesangs (A3) ➠ Das Loblied als Gemälde – Arbeitsauftrag (A4) ➠ Buntstifte, Wachsmalkreide, Filzstifte ➠ Kartons (Postkartenformat)
Einfühlen und Deuten	Das Sprache der Töne – Das Loblied hören	➠ Karteikarten mit den ausgewählten Strophen des Sonnengesangs (A3) ➠ Das Loblied der Töne – Arbeitsauftrag (A5) ➠ Ausgewählte Klang- und Rhythmusinstrumente ➠ Ein digitales Aufnahmegerät (u. a. Ipod, Diktiergerät)
Anwenden und Deuten	Die Sprache des Körpers – Die Elemente darstellen	➠ Karteikarten mit den ausgewählten Strophen des Sonnengesangs (A3) ➠ Das Loblied in Bildern – Arbeitsauftrag (A6) ➠ Digitalkamera, Smartphone o.ä.
Anwenden und Deuten	Das neue Lob Gottes – Eigene Lobstrophen schreiben	➠ Karteikarten mit den ausgewählten Strophen des Sonnengesangs (A3) ➠ Das Loblied in meinen Worten – Arbeitsauftrag (A7) ➠ Naturmaterialien (Stein, Holzstück, Rinde, Ast, Heu, Strohblumen, Zweige, Blüten, Früchte) ➠ Schreibmaterial ➠ Vorbereitete Karteikarten (A8)
Erklären und Erweitern	Laudato si – Ich lobe meinen Gott! Ist das wirklich nötig?	➠ Liedtext „Laudato si" (A9) als Handzettel, OHP- oder Beamerprojektion ➠ Ggf. Begleitinstrument und/oder ausgewählte Klang- und Rhythmusinstrumente

VORBEREITUNG

In die erste Schatzkiste werden die bunten Tücher, der Briefumschlag mit der Aufschrift „Laudato si …" (**A1**) sowie die folgenden Gegenstände gelegt:

- Sonne: eine kreisrunde gelbe Filzscheibe, mehrere gelbe Bindfäden
- Mond: eine gelbe Mondsichel aus Filz, mehrere Sterne aus Pappe
- Wind und Wolken: weiße Wattebäusche, ein Windrad, eine Feder
- Wasser: Muscheln, eine kleine Glasflasche mit Wasser
- Feuer: rote Bindfäden, eine Kerze, ein Teelicht
- Erde: Ähren, ein Zweig, Samenkörner, ein Säckchen mit Erde, Steine und Kiesel

Außerdem werden die Materialien für die Erschließungsphase in vier Körben bereitgestellt oder bereits in vier Lernorten im Klassenraum verteilt. Je nach medialen Möglichkeiten liegt der Liedtext (**A7**) als Handzettel oder Projektion vor.

ABLAUF

Unter der Qualität ANKNÜPFEN werden Familienkonstellationen nachgestellt. Schülerinnen und Schüler entdecken mit Hilfe von Standbildern aus Figurenkegeln die Bedeutung ihrer Familie in unterschiedlichen Zusammensetzungen. Der Sonnengesang wird mit ausgewählten Strophen (**A1**), die in kindgerechter Übertragung formuliert sind, als Loblied auf eine besondere Familie eingeführt. Die Schülerinnen und Schüler hören die Strophen und gestalten mit farbigen Tüchern ein Bodenbild.

In der Erschließungsphase arbeiten die Schülerinnen und Schüler in unterschiedlichen Sozialformen an vier Lernorten, die den Qualitäten EINFÜHLEN, DEUTEN und ANWENDEN zugeordnet sind und die Möglichkeit bieten, den Sonnengesang mit unterschiedlichen Sinnen wahrzunehmen und kreativ zu gestalten.

Die Reflexion aktiviert die Qualitäten ERKLÄREN und ERWEITERN, um in einem ersten, durch die Lehrperson initiierten (schöpfungs-)theologischen Gespräch der Frage nach Gründen, Motiven, aber auch Zweifeln an einem Lob Gottes auf seine Schöpfung nachzugehen.

LERNCHANCEN

Familienkonstellationen am Beginn des 21. Jh. sind Abbild heterogener Lebenswelten der Schülerinnen und Schüler: Vom traditionellen Dreigenerationenhaushalt unter einem Dach reicht das Spektrum über Ein-Eltern-Familien oder unterschiedlichste Zusammensetzung von Patchworkfamilien, Kindern in gleichgeschlechtlichen Partnerschaften bis hin zu Kindern, die ganz oder teilweise ohne Eltern auskommen wollen oder müssen. Keine dieser Konstellationen hat einen qualitativen Vorrang vor den anderen. Die Resilenzforschung[1] zeigt vielmehr, wie Bindungsfähigkeit und damit Konfliktfähigkeit und Lebenseinstellungen zu besonderen Personen, Gefühlen und Erfahrungen von Geborgenheit, Wertschätzung und Achtsamkeit durch solche primären zwischenmenschlichen Erfahrungen ebenso geprägt werden wie Ängste, Unfähigkeit zur Eigenständigkeit und mangelndes Durchhaltevermögen. Die Schülerinnen und Schüler erhalten in einem ersten Impuls die Möglichkeit, sich mit ihrer eigenen Familiensituation auseinanderzusetzen und die Bedeutung, die einzelne Personen darin haben und die Bindung zu ihnen, zu reflektieren.

---

1 Einführende Informationen finden sich z. B. auf http://de.wikipedia.org/wiki/Resilienz_(Psychologie_und_verwandte_Disziplinen).

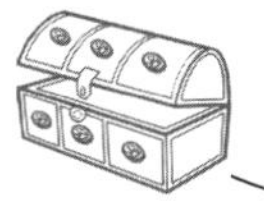

Der Einstiegsimpuls zur Auseinandersetzung mit dem Lebensweg und der Gedankenwelt des Franziskus erfolgt anschließend über den Sonnengesang, als Loblied auf die besondere (Schöpfungs-)Familie, dem bekanntesten der in seiner Urform auf Franziskus zurückgehenden Texte. Der Text eröffnet einen Zugang über einen Aspekt der in diesem Lobgebet zum Ausdruck kommenden franziskanischen Lebenseinstellung, der Verbundenheit mit allem, was in Gottes Schöpfung wahrgenommen werden kann und dem Leben dient. Die Auswahl der in dieser ersten Schatzkiste zu entdeckenden Strophen des Sonnengesangs sind dem ersten Zugang angepasst – also zunächst ohne die Strophen über Krankheit, Leiden und Tod.

Dem Sonnengesang liegt eine besondere Form natürlicher Theologie zugrunde, die aus der Anschauung der Welt eine besondere Gotteserkenntnis und Gottesbeziehung – Gott als Schöpfer und Erhalter – aber auch eine besondere Beziehung und Verbundenheit zur Welt – die Welt als Bruder und Schwester – entwickelt. Wer die Elemente der Welt als seine Geschwister anredet, wird in besonderer Weise mit ihnen umgehen und Verantwortlichkeit für sie zeigen.

Die Wahrnehmung der Welt als Gottes Schöpfung, der verantwortliche Umgang mit der Welt trifft vermutlich gegenwärtig immer auf eine heterogene Lerngruppe, so dass die von Rainer Oberthür u. a. propagierten „großen Fragen“ oder auch das „Weltwissen der Siebenjährigen“ (Donata Elschenbroich) hinter vielen kulturellen und medialen Selbstverständlichkeiten verborgen liegen, mit denen Kinder und Jugendliche tagtäglich umgehen. Selbst die aufgeklärte „Ehrfurcht unter dem Sternenhimmel“ (Immanuel Kant) könnte bereits erloschen sein, wenn Menschen die Fähigkeit besitzen, per Klimakatastrophe der Welt selbsttätig ein Ende zu bereiten oder aber mit dem Satelliten Rosetta punktgenau auf einem Kometen zu landen. Die Antwort auf die Frage „Wie kann man etwas so erklären, dass das Staunen größer wird?“[2] ist zunehmend eine Angelegenheit der Naturwissenschaftler, nicht mehr der Religionslehrkräfte.

Deshalb das Angebot einer „Lernchance Schöpfungsliebe“[3]: Mit Franziskus als schöpfungstheologischem und in besonderer Weise „naturverbundenem“ Gesprächspartner eröffnen die Lernarbeiten dieser ersten Schatzkiste den Schülerinnen und Schülern die Chance, das Staunen, das Wundern und Fragen neu zu lernen und darüber ins Gespräch zu kommen. Die angebotenen, übertragenen Strophen des Sonnengesangs werden dabei zunächst ganzheitlich – mit vielen Sinnen – erschlossen, bevor eine erste schöpfungstheologische Gesprächsrunde die „großen Fragen“ nach dem „Warum“ aufgreifen kann. Damit werden gleichzeitig erste Fragen danach aufkommen, was dieser Franziskus für ein Mensch gewesen sein muss, dass er solch ein Loblied auf Gottes Welt schreiben konnte.

---

2 Staguhn, Gerhard (2007): Vom Beschreiben des Unbeschreiblichen: Warum gibt es die Welt? In: KatBl 132 (2007), S. 412.

3 Mendl, Hans (2014): Ambivalenz als Lernchance: Franz von Assisi. In KatBl 139 (2014), S. 174 f.–180.

Verlaufsplan

EINSTIEG

1.1 Anknüpfen: Ein altes Loblied – Das Lob hören und mit Farben gestalten

Die Lerngruppe befindet sich im Sitzkreis. Die Lehrperson stellt den Korb mit den Figurenkegeln in die Mitte und beginnt, (authentisch!) ihre eigene Familienkonstellation aufzustellen, indem sie einzelne Figuren aus dem Korb nimmt und ein Standbild aufbaut, z. B.: „Das bin ich, ich bin nicht allein, das ist meine Frau, über 30 Jahre sind wir verheiratet, aber wir kennen uns schon mehr als 40 Jahre, wir sind ziemlich beste Freunde, natürlich streiten wir auch einmal ... Wichtig ist, dass wir ... Das ist unser Sohn, der ist schon 29 Jahre alt, er wohnt weit weg, aber bei wichtigen Fragen bin ich immer noch ein guter Gesprächspartner ... Das sind übrigens meine Eltern, die sind schon sehr alt, Sie haben viel für mich getan. Irgendwann werde ich einmal ganz für sie da sein, wenn sie krank sind ...“ Die Lehrperson stellt einzelne besondere Beziehungen durch Wollfäden, die sie zwischen die Figuren legt, dar.

Die Schülerinnen und Schüler bekommen die Möglichkeit, eigene Familienkonstellationen mit Hilfe der Figurenkegel und Wollfäden zusammenzustellen und mit ihren Sitznachbarn, in Kleingruppen oder im Sitzkreis darüber zu sprechen. Die Lehrperson wird auf Achtsamkeit und Wertschätzung der wohl sehr unterschiedlichen Standbilder achten.

Dazu könnte folgender Gesprächsförderer dienen: „Es gibt Menschen, die sagen ‚Es ist gut in einer Familie zu leben, weil .../denn ...‘“. Die Schülerinnen und Schüler können die Satzergänzungen aufschreiben und in der Reflexionsphase am Ende dieser Sequenz in Anlehnung an das erweiterte Familienverständnis des Franziskus in das Legebild legen.

Als Gelenkstelle legt die Lehrperson die mit Tüchern und der Schriftrolle gefüllte Schatzkiste in den Sitzkreis. Nachdem die Klasse Vermutungen über den Inhalt angestellt hat, öffnen einige aus der Lerngruppe die Kiste und legen den Inhalt in die Mitte. Die Lehrperson erläutert: „Diese Schatzkiste ist klein, aber in ihrem Bauch liegen immer wieder große und kleine geheimnisvolle Dinge, die du in den nächsten Religionsstunden entdecken wirst. Es sind kleine und große Zeichen. Worauf weisen die Zeichen hin? Was deuten sie an? Welche Entdeckungen wirst du mit ihnen machen? Wir begeben uns gemeinsam auf eine Schatzsuche und entdecken eine besondere Familiengeschichte.“

Anschließend erfolgt die Schatzsuche in folgenden Schritten:

- Der Umschlag mit der Aufschrift „Laudato si, o mio signore“ wird untersucht. Ein Schüler oder eine Schülerin liest den Satz. Vielleicht kennt jemand aus der Lerngruppe bereits das Lied oder weiß, dass es sich um Italienisch handelt und kann ein Wort übersetzen. Die Lehrperson gibt weitere Erläuterungen und leitet zur Verlesung des Sonnengesangs (**A1**) über.
- Die Lerngruppe kann das Lesen des Textes selbst übernehmen, nach jeder Strophe wird an einen anderen aus der Lerngruppe weitergegeben. Ein erstes Gespräch kann initiiert werden: „Ich habe gehört ...“
- Die Lehrperson weist auf die bunten Tücher hin und liest den Text anhand der Karteikarten (**A3**) ein zweites Mal und stoppt nach jeder Strophe. Die Lerngruppe berät, welche Farbe zu der jeweiligen Strophe passt. Die Karteikarten werden zu der ausgewählten Farbe gelegt.

- Die Lerngruppe berät, wie das Bodenbild gestaltet werden kann, welche der Gegenstände welcher Farbe zugeordnet werden. Das Gesamtbild, für das sich die Lerngruppe entscheidet, kann variieren: eine Kreisform und/oder ein Weg/eine (krumme) Linie in der Mitte des Stuhlkreises.

ERSCHLIESSUNGSPHASE

Die Lehrperson leitet die Erschließungsphase ein: „An vier Orten in unserem Raum findest du Material, mit dem du das Loblied mit allen Sinnen – mit der Hand, den Ohren und den Augen und dem Mund – entdecken wirst. An zwei Lernorten arbeitest du allein, an den beiden anderen Lernorten arbeitest du mit einem Partner, einer Partnerin oder sogar in einer kleinen Gruppe." Jedes Mitglied der Lerngruppe arbeitet mindestens an einem Lernort in Einzelarbeit und an einem Lernort in Kleingruppenarbeit.

1.2 Einfühlen und Deuten: Die Sprache der Bilder – Das Loblied malen

An diesem Lernort arbeiten die Schülerinnen und Schüler in Einzelarbeit. Sie wählen eine Karteikarte mit einer Strophe des Sonnengesangs (**A3**) aus und gestalten zu dieser Strophe ein Bild im Postkartenformat lt. **A4**. Am Lernort werden die Bilder zunächst ausgestellt, in der Reflexion zum Bodenbild gelegt.

1.3 Einfühlen und Deuten: Die Sprache der Töne – Das Loblied hören

An diesem Lernort wird zu zweit oder in einer Gruppe gearbeitet (**A5**). Die Schülerinnen und Schüler einigen sich, zu welcher Strophe (**A3**) ein Instrument am besten passt. Die Kleingruppe übt eine Verklanglichung des Sonnengesangs ein. Wo es möglich ist, kann die Verklanglichung mit einem Aufnahmegerät festgehalten werden.

1.4 Anwenden und Deuten: Die Sprache des Körpers – Die Elemente darstellen

Die Schülerinnen und Schüler arbeiten in Partner- oder Kleingruppenarbeit (**A6**). Sie erfinden Standbilder zu den Elementen Sonne, Mond und Sterne, Wasser, Wind/Luft und Wolken, Feuer, Erde.

1.5 Anwenden: Das neue Lob Gottes – Eigene Lobstrophen schreiben

Die Schülerinnen und Schüler finden an diesem Lernort ein Angebot aus Naturmaterialien vor. Sie entdecken mit Hilfe des Arbeitsblattes **A7** die Struktur einer jeden Strophe bestehend aus Lobsatz, Anrede und Begründung des Lobes. Sie wählen eines der Naturmaterialien und gestalten einen Vierzeiler, z. B.:

Ich lobe dich, mein Herr,
für Schwester Ähre,
denn aus ihren Körner backen wir wunderbares Brot,
das uns alle satt macht.

Die Schülerinnen und Schüler tragen ihre Lobstrophen auf der vorbereiteten Karte (**A8**) ein und legen sie an diesem Lernort aus.

REFLEXION

1.6 Erklären und Erweitern: Laudato si – Ich lobe meinen Gott! Ist das wirklich nötig?

Die Lerngruppe trifft sich wieder im Stuhlkreis. Das Bodenbild wird um die Ergebnisse der Arbeit an den Lernorten ergänzt:

- Eine Gruppe trägt eine Verklanglichung vor oder präsentiert die digitale Aufnahme.

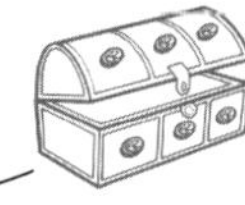

- Einige ausgewählte Pantomimen werden vorgestellt.
- Die Bilder zu den Strophen und die neuen Lobstrophen werden den farbigen Tüchern zugeordnet und in Auswahl vorgetragen.

Die Lehrperson initiiert bzw. setzt das erste schöpfungstheologische Gespräch fort, indem sie die Lerngruppe zunächst zu Entdeckungen am ergänzten Bodenbild auffordert (Ich sehe ..., Mir fällt auf, dass ...), aber auch zu Wahrnehmung von Fragen und Zweifeln (Ich frage mich, ob ..., Ich möchte wissen, warum ..., Ich kann nicht verstehen, dass ...) auffordert. Eventuell legen die Schülerinnen und Schüler ihre Satzergänzungen aus der Einstiegsphase zum Legebild und ergänzen Wollfäden zu Schwester Sonne, Bruder Mond usw. Die Schülerinnen und Schüler entwickeln dabei unterschiedliche Darstellungen (konzentrische Kreise, Netz, lange und kurze Wollfäden) Der Impuls „Überlege, wie und wo Franziskus in dem Legebild Gott darstellen würde" könnte noch weiterführen.

Die Lehrperson provoziert eine Kontroverse, indem sie den Zettel aus dem Einstieg – Laudato si, o mio signore – in das Bodenbild legt und sagt: „Ich lobe meinen Gott? Wirklich Gott loben? Manche Leute sagen: Das ist gut, Gott zu loben, das ist wichtig! Andere sagen: ‚Es ist doch alles da. Warum muss ich Gott dafür noch loben?' Was meinst du?" Aus dem Verlauf der Kontroverse kann sich ggf. die weitere Frage ergeben: „Gott loben? Sollen wir Gott für ALLES loben? Überlege: Gibt es etwas, für das du Gott nicht loben möchtest?"

Die Reflexion kann abgeschlossen werden durch das gemeinsame Singen von Strophen des Liedes *Laudato si* (**A9**), die mit den vorgetragenen Strophen der Übertragung des Sonnengesangs übereinstimmen: „Das Lied, das wir in unserer Schatzkiste entdeckt haben, ist sehr alt. Leider kennen wir seine Melodie nicht. Aber ein Musiker aus unserer Zeit hat vor einigen Jahren aus den Strophen des Liedes ein neues Lied gemacht ..."

Schlüsselerlebnisse – Alternative Lernwege

Die alternativen Lernwege der Schlüsselerlebnisse gehen im Verlaufsplan einen umgekehrten Weg. Die übliche Sitzordnung der Lerngruppe kann dabei beibehalten werden.

- Zur Vorbereitung hat die Lehrperson **A9** und **A1** für eine OHP-/Beamerprojektion vorbereitet, **A3** mehrfach nach Größe der Lerngruppe auf Karteikarten kopiert.
- In der Einstiegsphase führt die Lehrperson das vielleicht schon bekannte Lied *Laudato si* (**A9**) ein. Anschließend erzählt sie vom Ursprung des Liedes aus dem Mittelalter. Die Lehrkraft verteilt je eine Strophe des Sonnengesangs (**A3**) an die Mitglieder der Lerngruppe. Während **A1** projiziert wird, tragen die Schülerinnen und Schüler jeweils die Strophe, die sie erhalten haben, in einem Sprechchor vor.
- Für die Erarbeitungsphase werden zwei Lernangebote in zwei Schritten erschlossen: Zunächst erstellen die Schülerinnen und Schüler in Einzelarbeit Bilder zu der erhaltenen Strophe des Sonnengesangs (1.2), anschließend treffen sich diejenigen Schülerinnen und Schüler, die die gleiche Strophe bearbeitet haben, in Kleingruppen, stellen sich ihre Bilder vor und üben ein Standbild (1.4) ein, das anschließend im Plenum präsentiert wird.
- Für die Reflexion werden alle Bilder an der Tafel oder einer Pinnwand in einem Patchwork-Bild zusammengestellt. Die Lehrperson initiiert das unter (1.6) beschriebene schöpfungstheologische Gespräch.

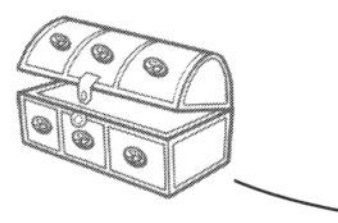

Der Sonnengesang[1]

Allmächtiger und guter Herr, mein Gott,
ich will dich loben und ehren.
Du schenkst uns allen deinen Segen.

Ich lobe dich, Herr, mein Gott, mit allen Geschöpfen,
besonders mit der Schwester Sonne.
Durch sie spendest du uns das Licht. Sie bringt uns den Tag.
Sie ist schön und strahlt wie du, mein Gott.

Ich lobe dich, Herr, mein Gott,
für den Bruder Mond und alle Sterne.
Am Himmel in der Nacht leuchten sie hell,
kostbar und schön.

Ich lobe dich, Herr, mein Gott,
für den Bruder Wind und die Luft und die Wolken,
den Himmel und jedes Wetter,
So gibst du deinen Geschöpfen alles, was sie zum Leben brauchen.

Ich lobe dich, Herr, mein Gott,
durch Bruder Wasser.
Denn es ist nützlich,
kostbar und rein.

Ich lobe dich, Herr, mein Gott,
durch den Bruder Feuer.
Es leuchtet hell in der Nacht.
Es ist schön und liebenswert und stark.

Ich lobe dich, Herr, mein Gott,
durch unsere Schwester, die Mutter Erde.
Sie ernährt uns und trägt uns.
Sie bringt Früchte hervor und bunte Blumen und Kräuter.

Lobt und preist den Herrn, unsern Gott,
dankt ihm und dient ihm.

1 Übertragung in Auswahl durch Manfred Karsch.

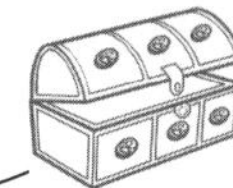

Der Sonnengesang (Lehrerinfo)

Der Sonnengesang, ein Gebet mit mehreren Strophen, gehört zu den bekanntesten Texten, dessen ursprüngliche Fassung vermutlich auf Franz von Assisi (Franziskus) selbst zurückgeht.

Nach der Franziskus-Biografie des Thomas von Celano dichtete Franziskus das Liedgebet am Ende seines Lebens (1224 oder 1225), vielleicht hat er einzelne Strophen des Liedes aber auch schon früher verfasst und am Ende seines Lebens vor allem um die Strophen, die Krankheit, Leiden und den Tod lobpreisen, ergänzt.

Im Original wurde das Liedgebet auf Altitalienisch geschrieben und später ins Lateinische übersetzt.

Für das Lied liegen unterschiedliche Übersetzungen ins Deutsche vor sowie eine Vielzahl von Übertragungen für besondere Anlässe, Grußkarten-Literatur und poetische Sammlungen und Übertragungen für die religionspädagogische Arbeit mit Kindern, Jugendlichen und Erwachsenen. Viele Übertragungen und Übersetzungen passen die jeweilige Form Schwester/Bruder dem deutschen Sprachgebrauch an: ital. il sole männlich, dt. die Sonne weiblich usw.

Für das Verständnis des Liedgebetes sind mehrere Aspekte wichtig:

- Dem Gebet liegt das Verständnis der Welt als Gottes Schöpfung zugrunde und nimmt damit Anklang an die biblischen Schöpfungsberichte (Gen 1 und Gen 2) sowie an die als Schöpfungspsalmen bezeichneten Psalmen (Ps 8 und Ps 104).
- Das Loblied ist ein Schöpferhymnus. Gott bleibt der Angeredete, er wird gelobt und nicht die Welt selbst. Der Sonnengesang darf nicht im Kontext einer Naturromantik interpretiert werden, die die Welt selbst zum Angeredeten des Lobes macht.
- Eine Besonderheit zeichnet den Sonnengesang aus: Die Elemente der Welt werden als Bruder und Schwester angeredet. Franziskus fühlt sich nicht nur für sie verantwortlich, sondern sie sind Mitgeschöpfe, deren Bedeutung für das Leben in der Welt und damit ihre Verantwortlichkeit gepriesen werden.

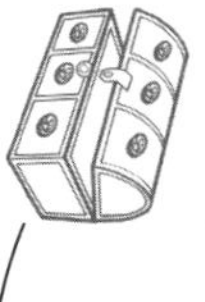

Der Sonnengesang (Karteikarten/Auswahl I)

Ich lobe dich, Herr, mein Gott,
mit allen Geschöpfen,
besonders mit der **Schwester Sonne.**
Durch sie spendest du uns das Licht.
Sie bringt uns den Tag.
Sie ist schön und strahlt wie du, mein Gott.

Ich lobe dich, Herr, mein Gott,
für den **Bruder Mond und alle Sterne.**
Am Himmel in der Nacht leuchten sie hell,
kostbar und schön.

Ich lobe dich, Herr, mein Gott,
für den **Bruder Wind und**
die Luft und die Wolken,
den Himmel und das Wetter,
So gibst du deinen Geschöpfen alles,
was sie zum Leben brauchen.

Ich lobe dich, Herr, mein Gott,
durch **Schwester Wasser.**
Denn es ist nützlich,
kostbar und rein.

Die Karteikarten auf farbiges Papier kopieren oder kleben: Gelb, verschiedene Blautöne

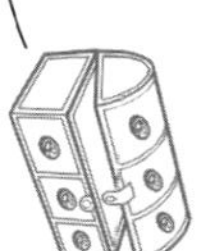

Der Sonnengesang (Karteikarten/Auswahl II)

Ich lobe dich, Herr, mein Gott,
durch den **Bruder Feuer**.
Es leuchtet hell in der Nacht.
Es ist schön und liebenswert
und stark.

Ich lobe dich, Herr, mein Gott,
durch unsere **Schwester, die Mutter Erde.**
Sie ernährt uns und trägt uns.
Sie bringt Früchte hervor und
bunte Blumen und Kräuter.

**Allmächtiger und guter Herr, mein Gott,
ich will dich loben und ehren.
Du schenkst uns allen
deinen Segen.**

**Lobt und preist den Herrn,
unsern Gott,
dankt ihm und dient ihm.**

Die Karteikarten auf farbiges Papier kopieren oder kleben: Rot, Braun, Weiß oder Grün.

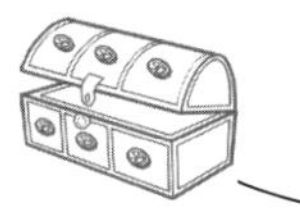

A4–5

Das Loblied als Gemälde (A4)

An diesem Lernort arbeitest du allein. Du wirst zu einer der Strophen des Lobliedes ein eigenes Bild malen.

An diesem Lernort findest du folgendes Arbeitsmaterial:

- Jede Strophe des Lobliedes auf einer Karteikarte
- Leere Zeichenkartons in der Größe einer Postkarte
- Verschiedene Malstifte

Deine Aufgabe:

☞ Du arbeitest für dich allein.
Wähle eine Strophe des Lobliedes aus.
Male ein Bild zu dieser Strophe. Entscheide selbst, welche Malstifte du verwenden willst.

☞ Lege dein LOBLIED ALS GEMÄLDE zu der Textkarte der Strophe, damit deine Mitschülerinnen und Mitschüler, die an diesem Lernort arbeiten, das Bild betrachten können.

Das Loblied in Tönen (A5)

An diesem Lernort arbeiten zwei oder mehr Partnerinnen und Partner zusammen. Ihr werdet das Loblied in Tönen und Klängen darstellen.

An diesem Lernort findet ihr folgendes Arbeitsmaterial:

- Jede Strophe des Lobliedes auf einer Karteikarte
- Eine Auswahl von Musikinstrumenten
- Ein Aufnahmegerät

Eure Aufgabe:

☞ Ihr arbeitet mindestens zu zweit, nach Möglichkeit aber mit mehreren Personen.
- Lest die Strophen noch einmal.
- Entscheidet gemeinsam: Welches Instrument passt zu welcher Strophe? Welcher Klang oder welche Folge von Tönen kann eine Strophe darstellen.
- Legt das Instrument zu der Karteikarte mit der Liedstrophe

☞ Wenn ihr für jede Strophe ein Instrument gefunden habt, probt euer LOBLIED IN TÖNEN gemeinsam.

☞ Anschließend könnt ihr euer LOBLIED IN TÖNEN mit dem Aufnahmegerät aufzeichnen.

Das Loblied in Bildern (A6)

An diesem Lernort arbeiten zwei oder mehr Partnerinnen und Partner zusammen. Ihr werdet gemeinsam ein Standbild zu einer Strophe des Lobliedes gestalten.

An diesem Lernort findet ihr folgendes Arbeitsmaterial:

- Jede Strophe des Lobliedes auf einer Karteikarte
- Einen Fotoapparat

Eure Aufgabe:

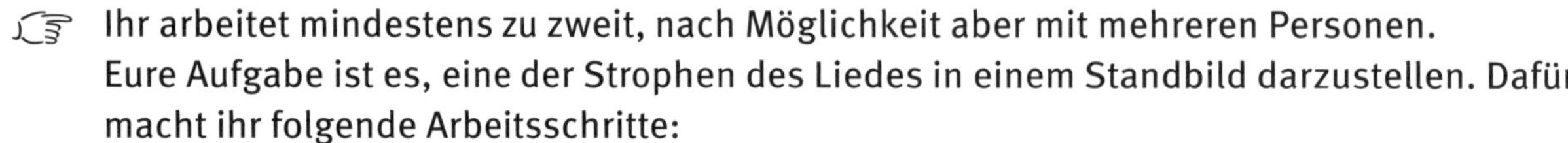

☞ Ihr arbeitet mindestens zu zweit, nach Möglichkeit aber mit mehreren Personen.
Eure Aufgabe ist es, eine der Strophen des Liedes in einem Standbild darzustellen. Dafür macht ihr folgende Arbeitsschritte:
- Lest die Strophen noch einmal.
- Entscheidet gemeinsam: Welche Strophe wollen wir darstellen?
- Probiert gemeinsam aus, wie euer Standbild aussehen soll.
- Wenn ihr eurer Standbild geprobt hat, macht max. 3 Fotos von eurem Standbild.

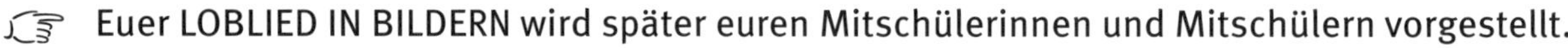

☞ Euer LOBLIED IN BILDERN wird später euren Mitschülerinnen und Mitschülern vorgestellt.

Das Loblied mit meinen Worten (A7)

An diesem Lernort arbeitest du allein. Du wirst an diesem Lernort eine neue Strophe zu dem alten Loblied schreiben.

An diesem Lernort findest du folgendes Arbeitsmaterial:

- Eine Karte mit den Strophen des Lobliedes
- Eine Auswahl an Materialien aus der Natur
- Vorbereitete Karteikarten in der Größe einer Postkarte

Deine Aufgabe:

☞ Du arbeitest allein.

☞ Lies eine oder mehrere Strophen des Lobliedes.
- Jede Strophe hat vier Zeilen:
  - 1. Zeile: Gott wird angeredet
  - 2. Zeile: Etwas aus der Natur wird gelobt.
  - 3.–4. Zeile: Der Sänger des Liedes begründet sein Lob.
- Wähle etwas aus den Naturmaterialien an diesem Lernort aus, für das du Gott loben möchtest. Gestalte eine Lobstrophe auf einer vorbereiteten Karte.

☞ Anschließend legst du dein LOBLIED MIT MEINEN WORTEN an diesem Lernort aus. Wenn du möchtest, kannst du später deinen Mitschülerinnen und Mitschülern deine Strophe vortragen.

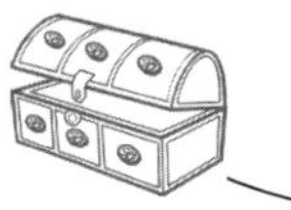

Das neue Gotteslob – vorbereitete Karten

Ich lobe ____________________

für ____________________

Denn ____________________

____

____

____

Ich lobe ____________________

für ____________________

Denn ____________________

____

____

____

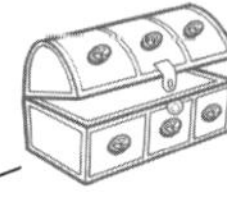

Laudato si

Der Kehrvers wird nach jeder Strophe wiederholt.
Der Kehrvers kann auch gleichzeitig mit den Strophen gesungen werden. Einsatz bei dem Zeichen ↓.

Text: Winfried Pilz, Musik: mündlich aus Italien übernommen,

Sei gepriesen für Licht und Dunkelheiten! / Sei gepriesen für Nächte und für Tage! / Sei gepriesen für Jahre und Gezeiten! / Sei gepriesen, denn du bist wunderbar, Herr!

Sei gepriesen für Wolken, Wind und Regen! / Sei gepriesen, du lässt die Quellen springen! / Sei gepriesen, du lässt die Felder reifen! / Sei gepriesen, denn du bist wunderbar, Herr!

Sei gepriesen für deine hohen Berge! / Sei gepriesen für Feld und Wald und Täler! / Sei gepriesen für deiner Bäume Schatten! / Sei gepriesen, denn du bist wunderbar, Herr!

Sei gepriesen, du lässt die Vögel singen! / Sei gepriesen, du lässt die Fische spielen! / Sei gepriesen für alle deine Tiere! / Sei gepriesen, denn du bist wunderbar, Herr!

Sei gepriesen, denn du Herr schufst den Menschen! / Sei gepriesen, er ist dein Bild der Liebe! / Sei gepriesen für jedes Volk der Erde! / Sei gepriesen, denn du bist wunderbar, Herr!

(Die folgenden Strophen werden in der ersten Lernlandschaft noch nicht verteilt.)

Sei gepriesen, du selbst bist Mensch geworden! / Sei gepriesen für Jesus, unsern Bruder! / Sei gepriesen, wir tragen seinen Namen! / Sei gepriesen, denn du bist wunderbar, Herr!

Sei gepriesen, er hat zu uns gesprochen! / Sei gepriesen, er ist für uns gestorben! / Sei gepriesen, er ist vom Tod erstanden! / Sei gepriesen, denn du bist wunderbar, Herr!

Sei gepriesen, o Herr für Tod und Leben! / Sei gepriesen, du öffnest uns die Zukunft! / Sei gepriesen, in Ewigkeit gepriesen! / Sei gepriesen, denn du bist wunderbar Herr!

2. Schatzkiste: Pietro Bernadone und Gott im Himmel – Ein Kind zwischen zwei Vätern

Methodisch-didaktische Hinweise

MATERIAL

Anknüpfen	Das Franziskus-Dilemma – Der erste Brief des Franz an Leo	➠ Zwei gleiche, große Figurenkegel, ein weiterer gleichgroßer Figurenkegel, ein kleiner Figurenkegel mit einem roten Umhang und gelbem Gürtel (Wollfaden) ➠ Tücher für eine gestaltete Mitte: Gelb, Rot, Dunkeblau, Mittelblau, Hellblau, Braun ➠ Liedtext „Laudato si" (**A9**) als Handzettel, OHP- oder Beamerprojektion ➠ Schatzkiste, darin: Ein Briefumschlag mit der Aufschrift „An meinen lieben Freund Leo" mit dem ersten Brief an Leo (**B1**) ➠ Lehrerinfo zur Jugend-Biografie des Franziskus (**B2**)
Einfühlen, Deuten und Erklären	Geschichten aus dem Leben des jungen Franziskus:	
	Drei Ballen Tuch und ein Pferd	➠ Geschichte (**B3**) ➠ Bild „Franziskus verlässt sein Elternhaus": aus dem Sanzkower Franziskusretabel (**B4**)
	Der Bettler im Tuchladen	➠ Geschichte (**B5**) ➠ Bild „Franziskus als Tuchhändler mit einem Bettler": aus der Legenda Maior (**B6**)
	Der Aussätzige	➠ Geschichte (**B7**) ➠ Bild „Franziskus küsst den Aussätzigen"(**B8**)
	Die Kirche San Damiano	➠ Geschichte (**B9**) ➠ Bild „Kreuz von San Damiano" (**B10**)
Anwenden und Erweitern	Die Franziskus-Entscheidung Ein Brief des Leo an Franz	➠ In einem Briefumschlag mit der Aufschrift „An meinen lieben Freund Leo" der zweite Brief an Leo (**B11**) ➠ Figurenkegel Franziskus mit rotem Umhang und gelbem Seil (Gürtel), weißes Tuch (das Bischof Guido dem Franz umhängt) ➠ Bild „Lossagung" (**B12**)

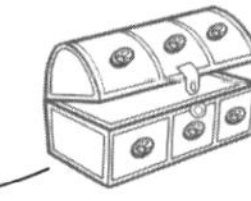

VORBEREITUNG

Die zweite Schatzkiste wird entsprechend der Materialliste gepackt. Die Materialien für die Erschließungsphase werden in vier Körben vorbereitet: In jedem Korb befindet je eines der Bilder **B4**, **B6**, **B8**, **B10** in der Menge der zu erwartenden Mitglieder der Kleingruppen. Die dazugehörigen Geschichten **B3**, **B5**, **B7**, **B9** hat die Lehrkraft je einmal für jede Gruppe bereitgelegt. Das Bild **B12** sollte nach Möglichkeit als Beamer- oder OHP-Projektion vorbereitet sein, die dazugehörige Geschichte **B11** befindet sich wiederum in einem Briefumschlag.

ABLAUF

Der Einstieg im Sitzkreis beginnt mit der Qualität ANKNÜPFEN: Mit Hilfe des Liedes *Laudato si* stellt die Lehrperson den Bezug zur ersten Lernlandschaft her. Zwei große und ein kleiner Figurenkegel leiten ein Gespräch über eine besondere Familienkonstellation ein: Zwei Väter – ein Kind. Anschließend wird der Inhalt der zweiten Schatzkiste entdeckt und der Brief des Franz an Leo[1] (**B1**) vorgelesen. In Einzelarbeit oder Partnerarbeit mit dem Sitznachbarn/der Sitznachbarin entwickeln die Schülerinnen und Schüler Ideen, wie das Dilemma des Franz um den Gehorsam gegenüber seinen beiden Vätern zu lösen sein könnte.

In der Erschließungsphase werden mit den Qualitäten EINFÜHLEN, DEUTEN und ERKLÄREN insgesamt vier Legenden aus der Jugend des Franziskus untersucht. Die Schülerinnen und Schüler arbeiten in Kleingruppen (Stammgruppen und Expertengruppen nach der kooperativen Lernform Gruppenpuzzle[2]), entdecken die Bilder, erkunden und präsentieren die dazugehörigen Geschichten. Das theologisch-ethische Gespräch erfolgt bereits in Ansätzen in den Stammgruppen.

Die Reflexion mit den Qualitäten ANWENDEN und ERWEITERN greift auf die Lösungen des Franziskus-Dilemmas aus der Einstiegsphase zurück und führt das theologisch-ethisches Gespräch fort. In dieses Gespräch eingebunden ist die Präsentation des Bildes (**B12**) und der Geschichte (**B11**) zur Lossagung vom Vater. Ein von den Schülerinnen und Schülern in den Stammgruppen verfasster Brief des Leo an Franziskus bündelt die Lernarbeit dieser Lernlandschaft.

LERNCHANCEN

Die Lebenswende des Franziskus – abschließend mit der Lossagung vom Vater im Jahr 1207 – ist der Endpunkt einer Dilemmageschichte in einer besonderen „Familienkonstellation“, in der sich Franziskus zwischen zwei Vätern entscheiden muss. Vordergründig präsentiert sich Franz von Assisi in seiner Jugend als Troubadour und Lebemann, im Hintergrund steht sein leiblicher Vater vor und über allem und regiert sein Leben: von der Namensänderung bei der Geburt, über die Erziehung zum Nachfolger im familiären Geschäft, durch die wohlwollende Ausrüstung zum Ritter trotz bürgerlicher Herkunft und nicht zuletzt mit der finanziellen Abhängigkeit trotz aller

---

1 Leo gehörte zu den ersten Weggefährten des Franziskus. Er gehörte der werdenden Gemeinschaft bereits seit 1210 an und wurde später Franziskus Sekretär, bezeugte seine Stigmatisierung und pflegte ihn während seiner Erkrankung. Er gilt als Mitverfasser der ersten biografischen Zeugnisse über Franziskus in der sog. Drei-Gefährten-Legende, siehe z. B. http://de.wikipedia.org/wiki/Dreigefährtenlegende.

2 Arnhold, Oliver/Karsch, Manfred (2014): Kooperative Lernformen im kompetenzorientierten Religionsunterricht. Göttingen.

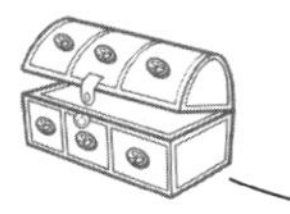

Großzügigkeit. Die Wurzeln seines Bekehrungserlebnisses – als Audition erlebt vor dem Kreuz in der halbverfallenen Kirche San Damiano – sind allerdings bereits in seiner Jugendbiografie legendarisch angelegt. Das Dilemma des Franziskus besteht sowohl aus ethischen Elementen in der Erfahrung der Diskrepanz zwischen arm und reich, gesund und krank, ausgestoßen und akzeptiert in seinem Lebensumfeld, als auch in den theologischen und spirituellen Elementen der Wahrnehmung menschlicher Hybris und Selbstüberschätzung sowie der neuen Einsicht in eine ursprüngliche Gottesbeziehung und Gottesbindung: „Wem willst du mehr gehorchen, dem Knecht oder dem Herrn?" So vernimmt Franz in einer Audition die Stimme Gottes. Er erfährt darin sowohl Gehorsam als auch Befreiung und Freiheit und damit Phantasie und Glück.

Schülerinnen und Schüler in den Jahrgängen 3–6 werden diese Dilemma-Situation in der beginnenden Adoleszenz nachvollziehen können. Die heterogenen Familienkonstellationen und Elternbeziehungen werden aber individuelle Positionen zu diesem Konflikt provozieren. Die Lernchancen, die die Schülerinnen und Schüler in der Auseinandersetzung mit ausgewählten Legenden aus den „Jugendjahren eines Heiligen" erhalten, vermitteln deshalb nicht in erster Linie historisches Faktenwissen, sondern initiieren ein theologisch-ethisches Gespräch und eine „Lernchance Gottsuche" und ermöglichen damit individuelle Zugänge und Antworten auf die Frage, was es bedeuten kann, wenn Menschen die Anrede des christlichen Gebets ernst nehmen wollen: „Vater unser im Himmel…".

Verlaufsplan

EINSTIEG

2.1 Anknüpfen: Das Franziskus-Dilemma – Ein Brief des Franz an Leo

Mit dem Wiederherstellen der gestalteten Mitte mit den farbigen Tüchern knüpft die Lehrperson an die Lernarbeit der ersten Lernlandschaft an. Sie stellt in der Kreismitte einen kleinen Figurenkegel mit rotem Umhang und gelbem Gürtel zwischen zwei gleiche, größere Figurenkegel und einen weiteren, gleichgroßen Figurenkegel. Das Standbild kann ggf. ohne weiteren Impuls in ein Gespräch über eine Vater-Vater-Mutter-Kind-Familie, deren Besonderheiten, Probleme, Stärken und Schwächen führen. Andernfalls ergänzt die Lehrperson, um einen entsprechenden Hinweis. Das Gespräch schließt mit dem gemeinsamen Anstimmen des Liedes *Laudato si* (**A9**). Anschließend deutet die Lehrperson auf den kleinen Figurenkegel: „Das ist Franz, oder Franziskus, wie er oft genannt wird. Franz hat vor vielen Jahren das Liedgebet geschrieben, mit dem wir uns beschäftigt haben. Heute werdet ihr etwas mehr über diesen Mann erfahren, Auch Franz stellt fest: Ich habe zwei Väter!"

Die Schatzkiste wird in die Mitte gestellt, geöffnet und der Brief an Leo (**B1**) entnommen. Je nach Lesekompetenz der Lerngruppe wird der Brief von mehreren Schülerinnen und Schülern oder aber von der Lehrperson gelesen. Der Brief endet mit der Frage des Franziskus: „Ich bin sehr aufgeregt. Was soll ich bloß tun? Wie soll ich mich entscheiden? Ich muss eine Entscheidung treffen!" Die Lehrperson nimmt keine Beiträge entgegen, sondern bittet zwischen den Klängen einer Klangschale still über eine mögliche Antwort nachzudenken. Je nach Raum- und Zeitsituation erfolgt anschließend bereits die Einteilung in Stammgruppen (4er Gruppen), in denen die möglichen Antworten auf das Franziskus-Dilemma ausgetauscht werden. Oder es

erfolgt ein Austausch mit dem Sitznachbarn/der Sitznachbarin und Mitteilung einzelner Ergebnisse im Plenum.

ERSCHLIESSUNGSPHASE

Die Lehrperson leitet die Erschließungsphase ein: „Du bekommst nun noch weitere Informationen über Franziskus, den Verfasser des Briefes. Dazu arbeitet ihr in Kleingruppen zu vier Personen. Am Ende eurer Arbeit wirst du noch einmal mit deinen Mitschülerinnen und Mitschülern über die Entscheidung des Franziskus beraten."

2.2 Einfühlen, Deuten und Erklären: Geschichten aus dem Leben des jungen Franziskus

Die Stammgruppen (4er Gruppen) legen die vier Bilder auf ihrem Arbeitstisch aus, betrachten sie und stellen Vermutungen über das Dargestellte an (Ich sehe ..., ich frage mich ..., ich deute ...,). Abschließend wählt jedes Gruppenmitglied ein Bild aus. Schülerinnen und Schüler mit dem gleichen Bild bilden eine Expertengruppen und machen sich anhand der Geschichten **B3**, **B5**, **B7**, **B9** über das Dargestellte sachkundig. Anschließend kehren sie in ihre Stammgruppen zurück und erzählen den Mitgliedern ihrer Stammgruppen anhand des Bildes die jeweilige Franziskus-Geschichte bzw. deuten das Bild.

REFLEXION

2.3 Anwenden und Erweitern: Die Franziskus-Entscheidung – Der Brief des Leo an Franz

Je nach Vorgehen in der Einstiegsphase ergänzen oder verändern die Schülerinnen und Schüler ihre Lösung des Franziskus-Dilemmas mit einem theologisch-ethischen Gespräch bereits in den Stammgruppen oder aber das theologisch-ethische Gespräch wird nach einem Austausch mit dem Sitznachbarn im Sitzkreis eröffnet: „Der Franz hat es wirklich nicht einfach. Nun hat er zwei Väter. Für wen soll er sich entscheiden? Haben ihm die Erinnerungen an Geschichten aus seiner Jugend bei einer Entscheidung geholfen? Was meinst du?"

Die Lehrperson schließt das Gespräch mit der Präsentation des Bildes (**B12**) und dem Verlesen der Geschichte (**B11**) ab. Während der Geschichte entkleidet die Lehrperson den Figurenkegel und legt ihm einen braunen Umhang mit einem Strick an. Reaktionen der Schülerinnen und Schüler verdichten sich in einem Brief, den die Stammgruppen im Namen Leos an seinen Freund Franz verfassen und im Sitzkreis verlesen. Alternativ kann das Verfassen des Briefes auch in Einzelarbeit bzw. als Hausaufgabe erfolgen.

Schlüsselerlebnisse – Alternative Lernwege

Die alternativen Lernwege der Schlüsselerlebnisse erarbeiten den Brief des Franz und die Geschichten aus seiner Jugendzeit im Plenum und in Einzelarbeit. Die übliche Sitzordnung kann dabei beibehalten werden.

- Zur Vorbereitung hat die Lehrperson das Bild **B4**, **B6**, **B8**, **B10**, **B12** für eine OHP-/Beamerprojektion vorbereitet, aus den Arbeitsblättern **B3**, **B5**, **B7**, **B9** werden nur die gerahmten Erzählungen jeweils einmal kopiert.
- Die Einstiegsphase beginnt mit dem Singen einiger Strophen des Liedes *Laudato si* (**A9**). Die Lehrperson zeigt die linke Seite des Bildes **B11**. Das Bild dient zur Erschließung der Lebenswelt des Franz: Mittelalterliche Gewänder, die italienische Stadt Assisi im Hintergrund, im Vordergrund reiche Bewohner der Stadt, ganz vorn der Vater von Franz, dem Dichter des Liedes.

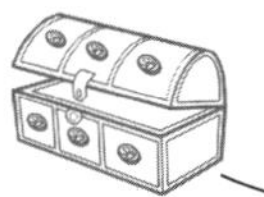

- In der Erarbeitungsphase wird die Lebenswelt des Franz vertieft durch die Erzählungen, die von einzelnen Schülerinnen und Schülern vorgetragen werden. Die präsentierten Bilder können wahlweise als Impuls vor oder nach den Erzählungen eingesetzt werden. Ein Plenumsgespräch bündelt die Eindrücke: „Was meinst du, denken andere Menschen über Franziskus? Sein Vater, seine Mutter, die reichen Leute, seine Freunde, die Armen und Kranken in Assisi?“
- Für die Reflexion wird das Bild **B12** vollständig gezeigt und die dargestellte Situation mit Hilfe des Briefes **B11** erschlossen. „Ist das richtig, was der Franz da gemacht hat?“ Die Lehrerfrage provoziert zum Abschluss Schüleräußerungen im Plenum, Die Reflexion schließt mit einer kreativen Schreibarbeit: In Einzel- oder Partnerarbeit werden Briefe des Leo an Franz verfasst und im Plenum vorgetragen.

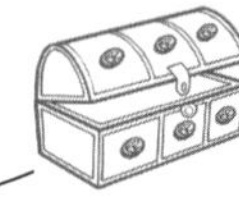

Ein Brief des Franz an Leo

Mein lieber Leo,

ich denke oft an dich. Ich denke gern daran, wieviel Spaß wir miteinander haben. In den warmen Sommernächten gehen wir durch die Gassen unserer Heimatstadt Assisi, wir und die anderen Jungen. Ich habe meine Gitarre dabei, Rufinus spielt die Geige. Und wir singen die Lieder vom schönen Leben. Wir tanzen auf den Plätzen, bis die Leute aus den Fenster schauen und lachen: „Ja, der Franz und seine Freunde, das sind lustige Gesellen!"

Aber letzte Nacht war keine gute Nacht! Ich habe kaum geschlafen. Unruhig bin ich in meinem Zimmer auf und ab gegangen. Eine schwere Entscheidung quält mich. Ja, ich muss mich entscheiden zwischen zwei Vätern: Wem soll ich gehorchen: meinem Vater im Himmel oder meinem Vater auf Erden? Ich kann mir vorstellen, wie du jetzt lachst und denkst: Der Franz hat zwei Väter? Wie kann das sein? Einen Vater im Himmel und einen auf der Erde?

Mein Vater auf Erden: Ja, den kennst du. Das ist mein Vater Pietro Bernadone. Und wie sehr mich mein Vater liebt. Als ich geboren wurde, im Jahre 1181, war mein Vater gerade in Frankreich, um feine Tücher und Stoffe für unser Modegeschäft zu kaufen. Meine Mutter Pica hat mich damals Giovanni genannt. Aber als mein Vater von seiner Reise zurückkam, hat er sich so über mich gefreut: „Endlich ein Nachkomme, ein Junge, der unser Geschäft übernehmen wird. Frankreich hat mir Glück gebracht. Mein Sohn soll Francesco heißen, das bedeutet kleiner Franzose. Franz, Franziskus wird er genannt." So heiße ich bis heute, weil Vater es so wollte: Franz, Franziskus – kleiner Franzose.

Unsere Familie ist eine der angesehensten und reichsten Familien in unserer kleinen Stadt Assisi hier in Oberitalien. Wir handeln mit edlen Stoffen und Tüchern. Unsere Kunden sind reiche Bürger und Adlige aus der Umgebung. Selbst Herzöge, Fürsten und Grafen kaufen bei uns ein. Seit Jahren arbeite ich im Geschäft meines Vaters. Ich kenne mich aus. Ich kann die kostbaren Stoffe von den billigen Tüchern unterscheiden. Ich bin beliebt bei den Kunden. Ich trage selbst die feinsten Kleider.

Und du weißt: An Geld mangelt es mir nicht! Vater gibt mir reichlich, es fehlt an nichts! Wie oft bezahle ich für dich, Leo, und unsere Freunde, das Essen und die Getränke, wenn wir nachts durch Assisi bummeln? Vater ist stolz auf mich. Jetzt bin ich 26 Jahre alt. Wenn ich wollte, könnte ich das schönste und reichste Mädchen der Stadt heiraten. Oder ich könnte Ritter werden und mit einer goldenen Rüstung in den Kampf ziehen, so wie damals, als wir gegen die Leute von Perugia gekämpft haben.

Neulich wollte ich wieder los. Vater hatte mir sogar eine teure Rüstung gekauft, aber dann habe ich die Rüstung einem armen Ritter geschenkt. Ja, Vaters teure Rüstung habe ich verschenkt! Du kannst dir vorstellen: Vater hat getobt und geschrien!

Leo, du fragst dich sicher: Ist der Franz von Gott und allen guten Geistern verlassen? – Nein, ganz im Gegenteil. Ich habe Gott gehört, ja Gott, meinen Vater im Himmel! UNSEREN VATER IM HIMMEL – so wie wir beten! Ich habe eine Stimme gehört, die mir gesagt hat: „Franz, willst du wirklich nur dem Knecht dienen und nicht dem Herrn? Verlass dein Elternhaus, nimm nichts mit, verkaufe alles, was du hast. Ich bin dein Vater im Himmel! Niemand sonst!"

Lieber Leo, ich muss mich entscheiden:

Wenn ich mein Elternhaus verlasse, ist das für immer. Mein Vater wird toben vor Wut, meine Mutter wird weinen vor Trauer. Und ich werde arm sein, ich werde kein Zuhause mehr haben.

Und wenn ich nicht auf die Stimme meines Vaters im Himmel höre? Vater unser im Himmel. Gehören wir nicht alle zu ihm? Hat unser Vater im Himmel uns nicht die ganze Welt geschenkt?

Wie soll ich mich bloß entscheiden, lieber Leo?

Es grüßt dich,
Dein Franz

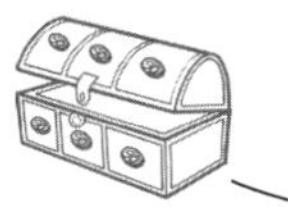

Die Jugend-Biografie des Franziskus (Lehrerinfo)

Die historische Rekonstruktion des Franz von Assisi muss sich auf wenige von ihm verfasste Originalfragmente – unter ihnen der berühmte Sonnengesang und sein Testament – stützen sowie auf legendarisch ausgestaltete Biografien wie die des Thomas von Celano, der Dreigefährtenlegende und weiteres legendarisches Material in den Fioretti (Blümelein des Heiligen Franziskus). Mit der Abfassung der einheitlichen und verbindlichen Biografie des Franziskus durch Bonaventura (1221–1274), Generalminister des Franziskanerordens seit 1257, wurde 1266 unter Leitung des Bonaventura ältere biografische Literatur in Paris der Verbrennung preisgegeben. Man wird dem Votum Karl Holls folgen können, der die Biografie des Bonaventura für historisch unbrauchbar hält, weil es diesem darum ging, ein bestimmtes, die damaligen Streitigkeiten um das franziskanische Armutsideal schlichtendes Franziskusbild zu konservieren.

Franziskus wurde 1181 oder 1182 in Assisi, einer Stadt in der mittelitalienischen Region Umbrien geboren. Sein Geburtsname war ursprünglich Giovanni, vermutlich hat ihn sein Vater, ein reicher Tuchhändler, wegen seiner Handelsreisen nach Frankreich in Francesco (kleiner Franzose) umbenannt. Als Bürgersohn entstammt Franziskus jener nach Macht und Einfluss strebenden Gesellschaftsschicht seiner Zeit, die sich zwischen Stadtadel und Unterschicht etablierte. Vermutlich nicht ohne Übertreibung erzählen die Biografien davon, dass der junge Francesco jene Möglichkeiten, die ihm Reichtum und gesellschaftliches Ansehen boten, ausgiebig genoss.

Seine Kindheit und Jugend ist politisch geprägt durch einen Machtwechsel in der Region Umbrien: Assisi lag zunächst im Einflussgebiet des Stauferkönigs Heinrich IV. Nach dessen Tod konnte sich Papst Innozenz III. (1198–1216) der Region um Assisi bemächtigen und damit seinen Kirchenstaat erweitern. Die Kreuzzugspolitik der Päpste des 12./13. Jh. verschärft das Bild einer Kirche, der es im Kampf gegen Andersgläubige (Muslime, aber auch Katharer und Waldenser) um politischen und wirtschaftlichen Einfluss sowie weltanschauliche Dominanz ging. Dieser makropolitischen Situation entsprechen kriegerische Auseinandersetzungen zwischen einzelnen Städten der Region, meist um die politische Vorherrschaft. Franziskus nimmt an solchen Unternehmungen als Ritter teil. Ein Streitzug ins benachbarte Perugia endete mit einer einjährigen Kerkerhaft.

Allerdings war es wohl weniger jene Erfahrung, die zu einem Umdenken in seinem Lebenswandel führte, als vielmehr der Kontakt zu den Armen, Kranken und Aussätzigen, denen die Teilnahme am gesellschaftlichen Leben verwehrt war, eine Erfahrung, die als Schlüsselerlebnis des Franziskus zu werten ist, eine „Umkehrung der Empfindungsqualitäten, die seine bisherigen Maßstäbe außer Geltung setzte" (Köpf, 285). Seine als Berufungserlebnis stilisierte Kehrtwende im Leben datiert etwa um das Jahr 1205. Beim Anblick des Kreuzes in der verfallenen Kapelle San Damiano außerhalb von Assisi erfährt Franziskus eine Audition der Christusstimme: „Franziskus, geh und bau mein Haus wieder auf, das ganz und gar in Verfall geraten ist." Der Wiederaufbau der Kapelle San Damiano ist für Franz eine Symbolhandlung: Er will die auf politische und wirtschaftliche Macht bauende Kirche erneuern und damit zurück auf den Weg Jesu bringen. Der Wiederaufbau der Kapelle, inzwischen durch weitere

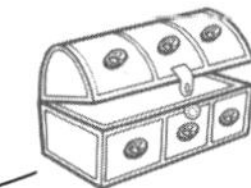

Gesinnungsgenossen unterstützt, wird von Franziskus zunächst selbst finanziert. Ein Diebstahl im Tuchgeschäft seines Vaters führt schließlich zu der als öffentlicher Wendepunkt in seinem Leben zu beschreibenden Selbstentblößung vor dem Vater im Beisein von Bischof Guido von Assisi. Durch die Übergabe der Kleidung an den Vater und das Anlegen des mönchischen Büßergewandes symbolisiert Franziskus die Lösung von seinem bisherigen Leben. Legendarisch sind die Worte überliefert: „Bis heute habe ich dich meinen Vater genannt auf dieser Erde; von nun an will ich sagen: ‚Vater, der du bist im Himmel'."

- Franz von Assisi: Fioretti. Gebete. Ordensregeln. Testament. Briefe. ISBN 978-32572 06418
- Feld, Helmut: Franziskus von Assisi, ²2001, ISBN 978-3406447709
- Holl, Adolf: Der letzte Christ. Franz von Assisi, 2000, ISBN 978-3783118469
- Köpf, Ulrich: Franz von Assisi, in: Greschat, Martin (Hg.), Gestalten der Kirchengeschichte Bd.3 Mittelalter I, 1983, S.282 ff. ISBN 3-17-007885-2

Drei Ballen Tuch und ein kostbares Pferd

Legt das Bild in die Mitte eurer Gruppe.
Entdeckt, was auf dem Bild zu sehen ist.
Wer mögen die Personen sein?
Was mag wohl vorher passiert sein?
Ob die Erinnerung an diese Ereignisse dem Franz helfen wird, eine Entscheidung zu treffen:
Auf wen soll ich hören, auf meinen Vater auf Erden oder auf unseren Vater im Himmel?

Zu diesem Bild wird folgende Geschichte erzählt.
Lest die Geschichte laut in eurer Gruppe vor.

Franz, der manchmal auch Franziskus genannt wird, lebt im 12. Jahrhundert. 1181 ist er geboren. Seine Eltern sind stolz auf ihn, denn er wird einmal das Tuchgeschäft seines Vaters übernehmen. Franziskus bekommt eine gute Ausbildung. Er lernt Lesen, Schreiben und Rechnen. Das ist nicht selbstverständlich damals im Mittelalter.

Franziskus lebt in Assisi, das ist eine kleine Stadt in Italien. Seine Eltern sind wohlhabend. Sein Vater Pietro Bernadone betreibt ein Tuchgeschäft, in dem die reichen Leute der Stadt ihre Stoffe und Tücher kaufen, damit daraus Kleidung oder Decken und Vorhänge genäht werden.

Aber es gibt nicht nur reiche Leute in Assisi, sondern auch Menschen, denen es nicht so gut geht. Manche haben Hunger, manche leiden unter Krankheiten, die keiner heilen kann. Und viele Menschen haben kein Zuhause und leben auf der Straße. Franz macht die Augen auf und blickt sich in der Welt um.

Franziskus ist jetzt etwa 25 Jahre alt und arbeitet im Tuchgeschäft seines Vaters. Wieder einmal hat er die armen Leute in seiner Stadt gesehen, die Kranken, die Menschen ohne Zuhause. Eines Tages stiehlt er heimlich im Geschäft seines Vaters. Er nimmt drei Ballen der teuersten Stoffe und ein kostbares Pferd und verkauft alles. Das Geld möchte er den Armen geben.

Was passiert dann?

Das Bild erzählt davon, was nach dem Diebstahl passiert. Gerade als seine Eltern beim Essen sitzen und der Diener vor dem Tisch den teuren Wein aus einer Kanne in den Becher gießt.

☞ Lasst die Personen sprechen:
- Was sagt der Vater?
- Was denkt die Mutter?
- Was möchte Franz sagen?

☞ In eurer Stammgruppe werdet ihr euren Gruppenmitglieder von dieser Geschichte erzählen und das Bild erklären. Erzähle die Geschichte so, als ob Pietro Bernadone, der Vater von Franz, sie erzählt ...

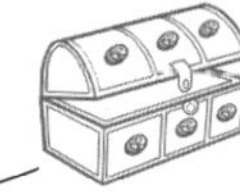

Franziskus verlässt das Elternhaus

Ausschnitt aus dem Sanzkower Franziskusretabel (unbekannter Künstler, um 1525);
© – STRALSUND MUSEUM/ Foto: J. Grudziecki

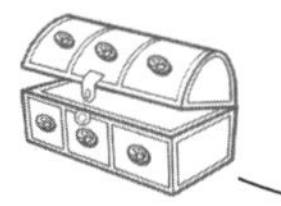

Der Bettler im Tuchladen

Legt das Bild in die Mitte eurer Gruppe.
Entdeckt, was auf dem Bild zu sehen ist.
Wer mögen die Personen sein?
Warum sind da eigentlich zwei Personen zweimal abgebildet?
Und warum ist die eine Person einmal klein und einmal groß?
Ob die Erinnerung an diese Ereignisse dem Franz helfen, eine Entscheidung zu treffen:
Auf wen soll ich hören, auf meinen Vater auf Erden oder auf unseren Vater im Himmel?

Zu diesem Bild wird folgende Geschichte erzählt.
Lest die Geschichte laut in eurer Gruppe:

Franz, der manchmal auch Franziskus genannt wird, lebt im 12. Jahrhundert. 1181 ist er geboren. Seine Eltern sind stolz auf ihn, denn er wird einmal das Geschäft seines Vaters übernehmen. Franziskus bekommt eine gute Ausbildung. Er lernt Lesen, Schreiben und Rechnen. Das ist nicht selbstverständlich damals im Mittelalter.
Franziskus lebt in Assisi, das ist eine kleine Stadt in Italien. Seine Eltern sind wohlhabend. Sein Vater Pietro Bernadone betreibt ein Tuchgeschäft, in dem die reichen Leute der Stadt ihre Stoffe und Tücher kaufen, damit daraus Kleidung oder Decken und Vorhänge genäht werden. Aber es gibt nicht nur reiche Leute, sondern auch Menschen, denen es nicht so gut geht. Manche haben Hunger, manche leiden unter Krankheiten, die keiner heilen kann. Und viele haben kein Zuhause und leben auf der Straße. Franz macht die Augen auf und blickt sich in der Welt um.
Franziskus ist jetzt etwa 25 Jahre alt und arbeitet im Tuchgeschäft seines Vaters. Eines Tages ist er bei der Arbeit im Tuchgeschäft. Gerade berät er einen Kunden in der Auswahl eines teuren Stoffes. Da steht ein Bettler vor dem Laden. Er wagt es kaum einzutreten und bleibt an der Tür stehen: „Mein Herr, ich bin arm. Ich habe Hunger. Ich bitte um etwas Geld!"
Aber Franz hat keine Zeit. Er will sich um den reichen Herrn kümmern. Er will etwas verkaufen. „Jetzt nicht," sagt er zornig. „Geh weg, ich habe keine Zeit. Ich habe nichts für dich." Laut sagt er es zu dem Bettler. Der Bettler geht traurig weg.
Einige Zeit später ist Franz allein im Geschäft. Er erinnert sich an den Bettler. Er ärgert sich, dass er so böse zu dem Bettler war. Er hat ein schlechtes Gewissen. Schnell greift er sich einen Geldbeutel, läuft durch die Stadt und sucht den Mann. Endlich hat er ihn gefunden: „Verzeih mir, dass ich eben so böse zu dir war. Hier hast du Geld für dich und deine Familie." Und der Bettler staunt: „So viel?"

☞ Kannst du jetzt erklären, was auf dem Bild zu sehen ist? Und warum sind da zwei Personen zweimal abgebildet ? Warum ist die eine Person plötzlich größer geworden
☞ Lasst die Personen sprechen: Was sagen sie?
☞ In eurer Stammgruppe werdet ihr euren Gruppenmitglieder von dieser Geschichte erzählen und das Bild erklären. Erzähle die Geschichte so, als ob der Bettler sie erzählt ...

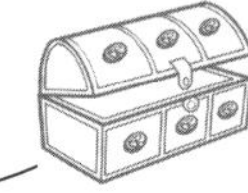

Franziskus und der Bettler

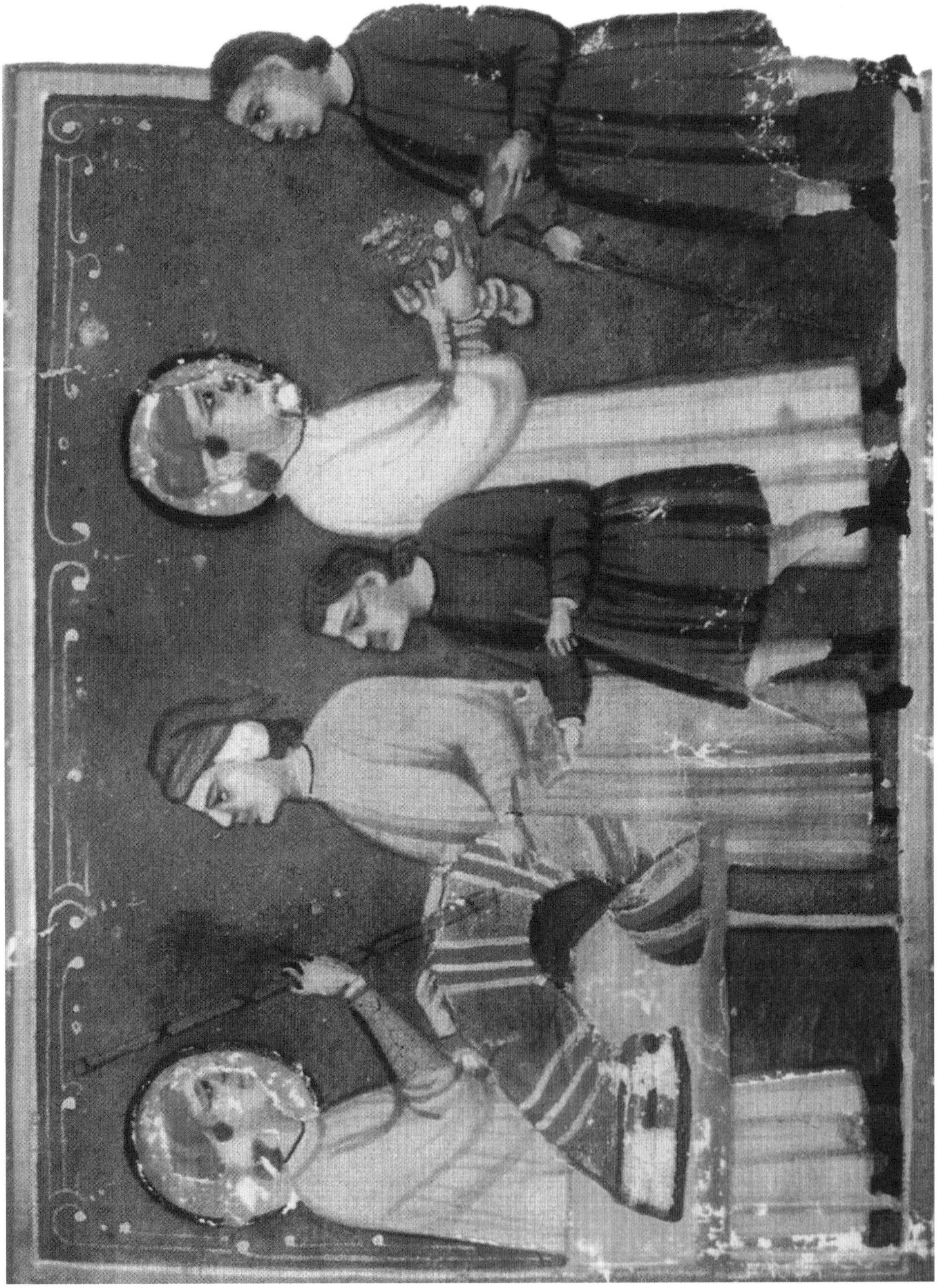

Miniatur in der Legenda Maior, frühes 14. Jh., Madrid, Convento Cardenal Cisnero, fol. 3r

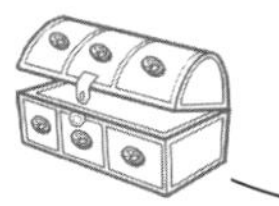

Franziskus und der Aussätzige

Legt das Bild in die Mitte eurer Gruppe.
Entdeckt, was auf dem Bild zu sehen ist.
Wer mögen die Personen sein?
Achte auf die Hände der Personen.
Stell dir vor die Hände könnten sprechen.
Was sagen sie?
Ob die Erinnerung an dieses Ereignis dem Franz helfen kann, eine Entscheidung zu treffen:
Auf wen soll ich hören, auf meinen Vater auf Erden oder auf unseren Vater im Himmel?

Zu diesem Bild wird folgende Geschichte erzählt.
Lest die Geschichte laut in eurer Gruppe:

Franz, der manchmal auch Franziskus genannt wird, lebt im 12. Jahrhundert. 1181 ist er geboren. Seine Eltern sind stolz auf ihn, denn er wird einmal das Geschäft seines Vaters übernehmen. Franziskus bekommt eine gute Ausbildung. Er lernt Lesen, Schreiben und Rechnen. Das ist nicht selbstverständlich damals im Mittelalter. Franziskus lebt in Assisi, das ist eine kleine Stadt in Italien. Seine Eltern sind wohlhabend. Sein Vater Pietro Bernadone betreibt ein Tuchgeschäft, in dem die reichen Leute der Stadt ihre Stoffe und Tücher kaufen, damit daraus Kleidung oder Decken und Vorhänge genäht werden. Aber es gibt nicht nur reiche Leute, sondern auch Menschen, denen es nicht so gut geht. Manche haben Hunger, manche leiden unter Krankheiten, die keiner heilen kann. Und viele haben kein Zuhause und leben auf der Straße. Franz macht die Augen auf und blickt sich in der Welt um.

Franziskus ist jetzt etwa 25 Jahre alt und arbeitet im Tuchgeschäft seines Vaters. Manchmal aber reitet er auf dem Pferd, das ihm sein Vater geschenkt hat, durch Assisi oder hinaus auf die Felder. Eines Tages trifft er auf einen Mann, der in dreckigen Lumpen gekleidet ist. Schon von weitem ruft der Mann: „Vorsicht! Ich bin aussätzig. Mein, Herr, kommt mir nicht zu nahe." Franziskus sieht, wie der Mann im Gesicht und an den Händen und Füßen ganz mit eitrigen Beulen bedeckt ist. Aussatz ist eine schlimme Krankheit, die damals nicht heilbar war. Eklig sieht der Mann aus, er ist dreckig und stinkt. Gesunde Menschen haben Angst, dass sie sich bei den Aussätzigen anstecken. Aber Franziskus hat auch Mitleid mit ihm. Er reitet hinzu, er steigt von seinem Pferd und umarmt den Aussätzigen, ja er gibt ihm sogar einen Kuss und ein Geldstück in die Hand.

- ☞ Kannst du jetzt erklären, was auf dem Bild zu sehen ist?
- ☞ Wer von beiden ist Franziskus und wer ist der Aussätzige?
- ☞ Lasst die Personen sprechen: Was sagen sie?
- ☞ In eurer Stammgruppe werdet ihr euren Gruppenmitglieder von dieser Geschichte erzählen und das Bild erklären. Erzähle die Geschichte so, als ob der Aussätzige sie erzählt …

Franziskus und der Aussätzige

Ausschnitt aus dem Franziskus-Fries von Sr. M. Clara Winkler, OSF (1985) unter Mitwirkung von Sr. M. Wiltrud Frisch: Ätztechnik auf Solnhofener-Plattenkalk, Fotografie von Sr. M. Wiltrud Frisch, Kaiserslautern

Das Kreuz von San Damiano

Legt das Bild in die Mitte eurer Gruppe.
Auf dem Bild ist ein Kreuz zu sehen.
Was ist das Besondere an diesem Kreuz?
Was oder wen könnt ihr auf diesem Kreuz entdecken?
Ob die Erinnerung an dieses Kreuz dem Franz helfen kann, eine Entscheidung zu treffen:
Auf wen soll ich hören, auf meinen Vater auf Erden oder auf unseren Vater im Himmel?

Zu diesem Bild wird folgende Geschichte erzählt.
Lest die Geschichte laut in eurer Gruppe:

Franz, der manchmal auch Franziskus genannt wird, lebt im 12. Jahrhundert. 1181 ist er geboren. Seine Eltern sind stolz auf ihn, denn er wird einmal das Geschäft seines Vaters übernehmen. Franziskus bekommt eine gute Ausbildung. Er lernt Lesen, Schreiben und Rechnen. Das ist nicht selbstverständlich damals im Mittelalter.

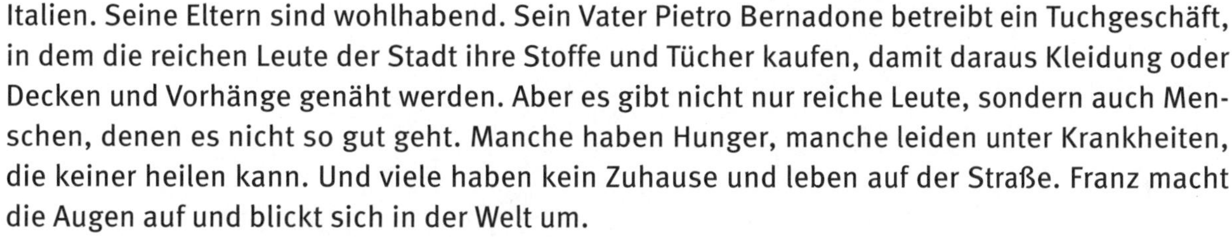

Franziskus lebt in Assisi, das ist eine kleine Stadt in Italien. Seine Eltern sind wohlhabend. Sein Vater Pietro Bernadone betreibt ein Tuchgeschäft, in dem die reichen Leute der Stadt ihre Stoffe und Tücher kaufen, damit daraus Kleidung oder Decken und Vorhänge genäht werden. Aber es gibt nicht nur reiche Leute, sondern auch Menschen, denen es nicht so gut geht. Manche haben Hunger, manche leiden unter Krankheiten, die keiner heilen kann. Und viele haben kein Zuhause und leben auf der Straße. Franz macht die Augen auf und blickt sich in der Welt um.

Franziskus ist jetzt etwa 25 Jahre alt und arbeitet im Tuchgeschäft seines Vaters. Manchmal geht er allein durch die Felder und Wiesen. Auf seinen Wanderungen kommt er eines Tages zu der kleinen Kirche San Damiano. Diese Kirche ist in einem erbärmlichen Zustand: Die Mauern drohen einzustürzen, das Dach ist undicht und im Inneren ist es staubig und dunkel. Nicht einmal Kerzen brennen auf dem Altar. Der Priester der Kirche sagt: „Bald wird die Kirche ganz zusammenfallen."

Als Franziskus die Kirche betritt, fällt sein Blick auf das Kreuz über dem Altar. Er betrachtet es lange. Er betet. Und plötzlich ist es, als ob eine Stimme vom Kreuz sagt: „Franziskus, meine Kirche droht einzustürzen. Bau meine zerfallene Kirche wieder auf." Franziskus hört erstaunt. Von diesem Tag an fängt er damit an, die Kirche San Damiano wieder aufzubauen, Stein für Stein, Ziegel für Ziegel, ganz allein. Als er neue Steine und Ziegeln benötigt, stiehlt er Geld und Ware aus dem Geschäft seines Vaters.

- ☞ Kannst du jetzt erklären, was für ein besonderes Kreuz das ist?
- ☞ Wen hat Franziskus da gehört, als er vor dem Kreuz stand?
- ☞ War es nur eine Einbildung oder hat da wirklich jemand zu ihm gesprochen?
- ☞ In eurer Stammgruppe werdet ihr euren Gruppenmitglieder von dieser Geschichte erzählen und das Bild erklären. Erzähle die Geschichte so, als ob der Priester aus der Kirche San Damiano sie erzählt ...

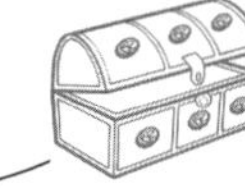

Das Kreuz von San Damiano

Das Kreuz von San Damiano, auch Franziskuskreuz genannt

Im 11./12. Jahrhundert von einem unbekannten italienischen Meister gemalt, es hängt heute in der Basilica di Santa Chiara in Assisi © akg-images/Gerhard Ruf

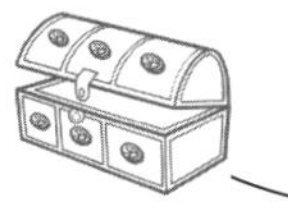

B11

Der zweite Brief des Franz an Leo

Mein lieber Leo,

ich habe mich entschieden: Laudato si, o mio signore! Ja, ich bin frei!

Du fragst dich sicherlich, für wen ich mich entschieden haben: für meinen Vater auf Erden oder für meinen Vater im Himmel?

Nun, die letzten Wochen waren schwer für mich. Du hast davon gehört, dass ich kaum noch im Geschäft meines Vaters gearbeitet habe. Meine ganze Zeit habe ich in San Damiano verbracht. Ich habe begonnen, das alte Kirchlein wiederaufzubauen. Aber Diebe hatten bereits Steine und Ziegeln gestohlen. Ich brauchte neue Steine! Da habe ich wie damals feine Tücher aus dem Laden meines Vaters gestohlen. Das teure Pferd habe ich auch verkauft. Dem Priester von San Damiano habe ich das Geld gegeben. Aber der wollte es nicht nehmen und hat meinem Vater davon erzählt.

Nun war der Diebstahl aufgeflogen! Mein Vater hat getobt, meine Mutter hat geweint. Und ich musste mich endlich entscheiden! Was sollte ich tun: Heimlich davonlaufen, mich irgendwo verstecken? Voller Reue zum Vater zurückkehren?

Aber mein Vater Pietro hatte die Sache schon – wie immer – selbst in die Hand genommen. Er hat mich bei Bischof Guido angezeigt. Vor dem Eingang unserer Kirche Santa Maria Maggiore kam es zur Verhandlung. Stell dir vor: Die halbe Stadt war versammelt, als ich vor meinem Vater stand. Vater kochte vor Wut. Mir schlug das Herz bis zum Hals. Natürlich wollte er, dass ich zurückkehre, den Schaden gut mache und dann sollte ich wieder „sein lieber Francesco“ sein. Aber den Gefallen habe ich ihm nicht getan. Nun wusste ich, was zu tun ist. Ich erzähle es dir, als passiere es jetzt:

Ich stehe also vor allen Menschen vor der Kirche. Ganz langsam ziehe ich mich aus, Umhang, Hemd, Gürtel, selbst die Hose lasse ich fallen. Splitternackt stehe ich vor meinem Vater und der halben Stadt. Ein Raunen geht durch die Menge, dann ein Schweigen, alle starren auf mich und den Vater. Und auch ihm fehlen die Worte.

Und dann falte ich – fein säuberlich und ordentlich, wie ich es gelernt habe – die Kleidung zusammen und lege sie ihm vor die Füße: „Vater, hier hast du das Letzte von allem, was du mir gegeben hast. Ich gebe es dir zurück. Bis heute habe ich dich meinen Vater genannt auf dieser Erde. Von nun an will ich sagen: ‚Vater, der du bist im Himmel.‘“

Ich weiß gar nicht mehr, wie Pietro Bernadone reagiert hat. Was würde dein Vater machen, wenn du ihm sagst: „Ich bin nicht mehr dein Kind! Und du bist nicht mehr mein Vater!“ Ich weiß nur noch, dass mich Bischof Guido mit einem Tuch umhüllte und in Schutz nahm.

Lieber Leo, du fragst vermutlich: Wie soll es mit dem Franz weitergehen?

Ehrlich gesagt: Ich weiß es selbst noch nicht.

Aber ich bin sicher, mein Vater im Himmel weiß einen Weg: Laudato si, o mio signore!

Es grüßt dich,
Dein Franz

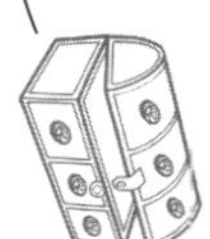

Die Lossagung vom Vater

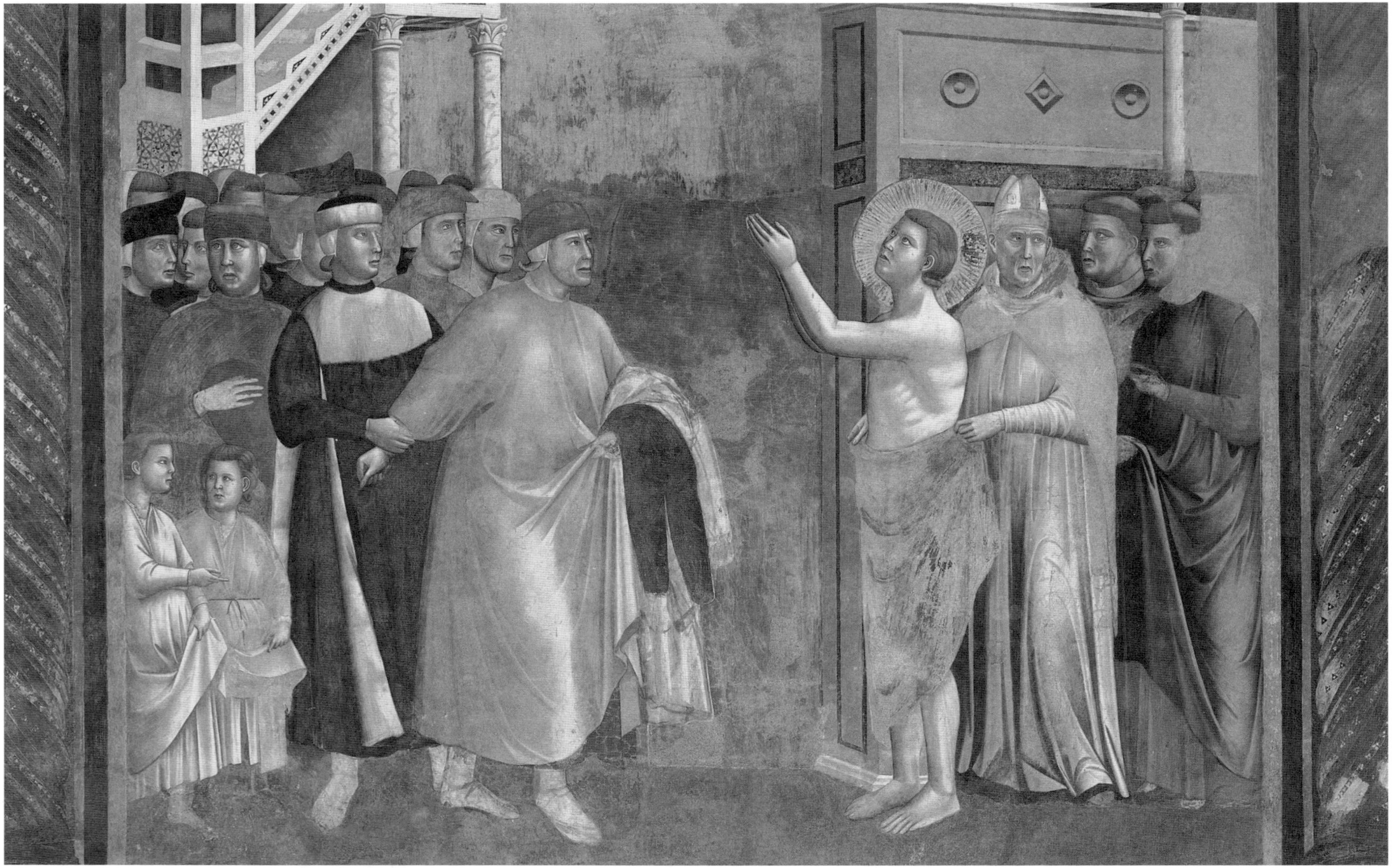

Der heilige Franziskus sagt sich von seinem Vater los, Giotto di Bondone um 1266–1337
Fresko um 1295/1300, in Assisi, S. Francesco (Oberkirche, Langhaus, 3. Joch, Nordwand)

3. Schatzkiste: Jesus von Nazareth und Franz von Assisi – ein Zwillingspaar?

Methodisch-didaktische Hinweise

MATERIAL

Anknüpfen	Leben wie Jesus – Der dritte Brief des Franz an Leo	➟ Figurenkegel Franziskus, weißer Umhang aus der 2. Schatzkiste ➟ Tücher für eine gestaltete Mitte: Gelb, Rot, Dunkelblau, Mittelblau, Hellblau, Rot ➟ Schatzkiste, darin: ➟ Brauner Umhang und Seil für den Figurenkegel ➟ Ein Briefumschlag mit der Aufschrift „An meinen lieben Freund Leo“ mit dem dritten Brief an Leo (**C1**) und Evangelientexte Mt 19,21, Lk 9,3 und Lk 9,23 auf Karten (Übertragung in Anlehnung an die Gute Nachricht Bibel) (**C3**) ➟ Lehrerinfo zu den Anfängen der franziskanischen Bewegung (**C2**)
Einfühlen, Deuten und Erklären	Franziskus – Ein zweiter Jesus? – Geschichten von Franz aus den Fioretti und anderen franziskanischen Überlieferungen	➟ Rohling zur Erstellung eines Lese-Schaufensters (**C4**), Scheren, Schreib- und Bastelmaterial ➟ Forschungsaufträge für die Arbeit an Bilderbüchern (**C5.1–C5.7**), Liste Bilderbücher (s. **C6**) Alternativ: ➟ Forschungsaufträge und Texte für die Arbeit an vorbereiteten Geschichten (**C7.1.–C7.7**)
Anwenden und Erweitern	Jesus von Nazareth und Franz von Assisi – zwei (un-)gleiche Brüder	➟ Fertige Lese-Schaufenster (**C4**) aus der Erschließungsphase ➟ Bild: Franziskus und Jesus (**C8**)

VORBEREITUNG

In der Schatzkiste befindet sich diesmal der dritte Brief des Franziskus an Leo (**C1**) sowie ein brauner Umhang und ein einfaches Seil für den Figurenkegel. Die Lehrperson hat sich anhand von **C2** über die Frühgeschichte der franziskanischen Bewegung sachkundig gemacht.

Das Buchmaterial sowie die Arbeitsaufträge (**C5.1–C5.7**) für die Forscherarbeit in der Erschließungsphase werden bereitgelegt. Je nach methodischer Kompetenz der Lerngruppe werden in die Bücher (Auswahl siehe **C6**) bereits Lesezeichen oder Markierungen für das schnellere Auffinden der Texte eingefügt.

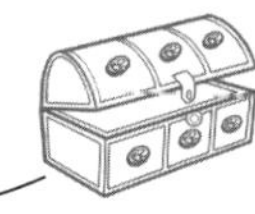

Alternativ hat sich die Lehrperson für vorbereitete Texte für die Forscherarbeit entschieden und das entsprechende Material (C7.1.–C7.7) in ausreichender Zahl kopiert. Für beide Alternativen hat die Lehrperson die Rohlinge für die Lese-Schaufenster (C4) zusammengestellt.

ABLAUF

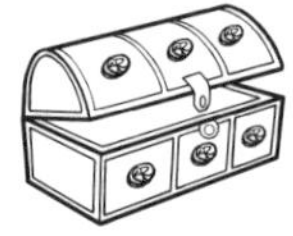

Der Einstieg im Sitzkreis mit der aus den Tüchern gestalteten Mitte beginnt mit der Qualität ANKNÜPFEN. In der Mitte entsteht während des Verlesens des dritten Briefes des Franz an Leo ein Standbild mit dem Figurenkegel des Franziskus. Daran anschließend initiiert die Lehrperson ein theologisch-christologisches Gespräch: „Franziskus sagt: Ich möchte sein wie Jesus."

In der Erschließungsphase wird mit den Qualitäten EINFÜHLEN, DEUTEN und ERKLÄREN eine Forscherwerkstatt eröffnet, in der die Schülerinnen und Schüler der Hypothese nachgehen: „Franziskus führt ein Leben wie Jesus es will! Stimmt das?" Dazu untersucht die Lerngruppe weitgehend selbsttätig Kinderliteratur, in der Legenden aus den Fioretti des Franz von Assisi und anderen franziskanischen Überlieferungen erzählt und mit Bildern dargestellt werden. Alternativ werden vorbereitete Texte der Erzählungen untersucht. Die Untersuchungen werden in einem Lese-Schaufenster gestaltet.

Die Reflexionsphase mit den Qualitäten ANWENDEN und ERWEITERN setzt das in der Einstiegsphase initiierte theologisch-christologische Gespräch fort: „Franz sagt: Ich möchte sein wie Jesus!" Die Schülerinnen und Schüler berichten, stellen ihre Lese-Schaufenster vor, die Franziskus-Ikone (C8) motiviert zu individuellen Antworten zum Verhältnis Jesus – Franziskus.

LERNCHANCEN

Christologie ist in ihrem Kern die Suche nach der Antwort auf die Frage: „Wer ist Jesus, der Christus, für mich (für uns)?" Die Antwort auf die christologische Frage stellt in ein Beziehungsverhältnis zu Jesus Christus als seine Nachfolgerin oder sein Glaubender. Die besondere Antwort, die sich Franziskus auf diese Frage gibt, ruft ihn nicht nur in die Nachfolge Jesu, sondern macht ihn zum Nachahmer Jesu (Imitatio Christi) und rückt das Armutsideal und die Heimatlosigkeit der frühchristlichen Jesusbewegung (Wanderradikalismus) in das Zentrum franziskanischer Frömmigkeit.[1] Die erste franziskanische Bewegung wird deshalb legendarisch mit einem Zwölfpersonenkreis entsprechend den zwölf Jüngern Jesu stilisiert und hat mit der Klara ein Pendant zur Gestalt der Maria Magdalena. Die ursprüngliche, erste – nicht vom Papst genehmigte – Regel der beginnenden *Franziskanischen Gemeinschaft* stellt die Abkehr von den bisherigen familiären Bindungen, Besitzlosigkeit und Heimatlosigkeit in den Mittelpunkt des franziskanischen Lebens. Nach der Lossagung von seinem Vater und der Annahme der Sohnschaft Gottes „konstruiert" Franziskus eine neue Familie der Brüder und Schwestern, zu der aber nicht nur Menschen, sondern auch Tiere und Elemente der Schöpfung gehören. Franziskus selbst rückt dabei als ihr (Familien-)Oberhaupt in die Nähe eines Zwillings Jesu, er macht sich Jesus zeitgleich. Diese Legenden tragen durchaus Stilelemente, die sich in den Begegnungs-

---

1 Gerd Theißen ([7]1997): Soziologie der Jesusbewegung. Ein Beitrag zur Entstehungsgeschichte des Urchristentums. Gütersloh.

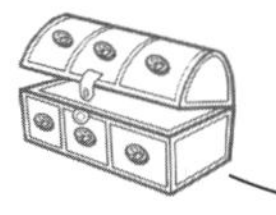

geschichten der Evangelien (Jüngerberufungen, Heilungsgeschichten) wiederfinden, aber auch Ähnlichkeiten zu Bildworten und Gleichnissen (Vogelpredigt → Bergpredigt, Wolf von Gubbio → Der Wolf im Schafspelz, der Wolf im Schafstall und Jesus, der gute Hirte) aufweisen.

Bis heute nennen sich die unterschiedlichen Lebensformen, in denen mehr oder weniger die franziskanischen Ideale gelebt werden, zusammen die „franziskanische Familie“, in der zu erfahren ist: „Wer Franziskus begegnet, kann leicht ins Schwärmen kommen, weil er etwas ahnt von den Chancen des Lebens und von dem, was sein könnte, wenn ...“[2]

Die dritte Lernlandschaft möchte den Schülerinnen und Schülern ermöglichen, diese „Chancen des Lebens und dem, was sein könnte“, die „Lernchance Armut“ und die „Lernchance Gottsuche“ anhand der angebotenen „Geschichten vom Franz“ zu erforschen. Die Schülerinnen und Schüler erhalten die Lernchance, in altersgemäßer Weise die impliziten christologischen Entscheidungen des Franziskus zu reflektieren und auf eigene christologische Fragen und Antworten zu beziehen: „Ist es (heute) möglich, wie oder als Jesus/Franziskus zu leben? Kann man die Sätze der Evangelien heute so wörtlich nehmen, wie es Franziskus damals getan hat? Bin ich etwa kein Christ/keine Christin, wenn ich diese Worte Jesu nicht alle befolge? usw.“ Als Forscherinnen und Forscher in der auf den franziskanischen Legenden und Biografien beruhenden Kinderliteratur bzw. den bereitgestellten Erzählungen konstruieren die Schülerinnen und Schüler eigenständige Zugänge und Produkte, gestalten und präsentieren Sie für ihre Lerngruppe.

Verlaufsplan

EINSTIEG

3.1 Anknüpfen: Leben wie Jesus – der dritte Brief des Franz an Leo

Die Lehrperson stellt den Figurenkegel Franziskus mit dem weißen Umhang des Bischofs in die gestaltete Mitte. Die Lerngruppe rekonstruiert – eventuell unter Zuhilfenahme des Bildes **B12** – die Geschehnisse, um die Lossagung vom leiblichen Vater. Die Lerngruppe sammelt Ideen dazu, was es für Franz bedeutet, arm zu sein. Der dritte Brief an Leo (**C1**) berichtet über die weiteren Ereignisse an der Kirche San Damiano, der Kapelle Portiuncula und dem Wunsch des Franziskus, wie Jesus zu leben. Die Lerngruppe sammelt Ideen, was es bedeuten kann, wie Jesus zu leben, eventuell in einer Satzergänzung: „Wenn ich wie Jesus lebe, dann ...“. Oder die Lerngruppe erinnert sich dabei möglicherweise an Geschichten von und über Jesus. Ergebnisse der Ideenbörse werden auf gelben Pappstreifen, die strahlenförmig um die Franziskusfigur gelegt werden, festgehalten. Bereits in der Einstiegsphase oder erst in der Reflexionsphase werden die Karten mit den Evangelientexten (**C3**) aus dem Leo-Brief zu den Pappstreifen gelegt.

2 Siehe http://www.franziskaner.de/FRANZISKANISCHE-FAMILIE.16.0.html.

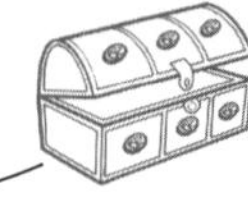

ERSCHLIESSUNGSPHASE

3.2 Einfühlen, Deuten und Erklären: Ein zweiter Jesus – Geschichten von Franziskus aus den Fioretti und anderen franziskanischen Überlieferungen

Die Erschließungsphase ist als Forscherwerkstatt gestaltet.[3] Je nach Größe der Lerngruppe werden Kleingruppen von 3–4 Schülerinnen und Schüler gebildet, die in den bereitgestellten Materialien nach Geschichten von Franziskus forschen. Mögliche Franziskusgeschichten aus den Fioretti oder den frühen Franziskusbiografien können sein:

- Bernardo wird ein Anhänger des Franziskus (C7.1)
- Schwester Klara (C7.2)
- Die Vogelpredigt (C7.3)
- Der Wolf von Gubbio (C7.4)
- Die Weihnachtskrippe (C7.5)
- Franziskus und das Schaf (C7.6)
- Franziskus und der Sultan in Jerusalem (C7.7)

Die Lehrperson trifft entsprechend der Lerngruppe und dem zur Verfügung stehenden Zeitumfang für die Forscherwerkstatt eine Auswahl oder ergänzt mit anderen Geschichten die Vorschläge.

Für die Durchführung der Forscherwerkstatt bieten sich zwei alternative Lernwege an:

Lernweg 1 (großer Zeitaufwand, intensivere und eigene Forschertätigkeit):

Mit Hilfe der Arbeitsaufträge in C5.1–C5.7 forschen die Kleingruppen in den ausgelegten Büchern nach der Geschichte, mit der sich ihre Forschergruppe beschäftigen soll. Für jede Franziskus-Geschichte werden mindestens drei Textversionen gelesen und bearbeitet. Grundlegende Frage der Forscherinnen und Forscher ist es, wie in ihrer Geschichte Franziskus Ähnlichkeiten zu Jesus aufweist: „Hat das, was Franziskus in der Geschichte sagt und tut, Ähnlichkeiten und Gemeinsamkeiten mit bekannten Jesus-Worten oder Jesus-Geschichten?“

Lernweg 2 (kleiner Zeitaufwand, kleine Materialvorgaben):

Bei der alternativen Erarbeitungsmöglichkeit, die sich vor allem für jüngere oder nicht so sehr mit selbsttätigem Arbeiten vertraute Lerngruppe anbietet, werden anstelle des Buchmaterials die Geschichten in den Arbeitsblättern C7.1–C7.7 angeboten. Diese Arbeitsform kann ggf. auch in Einzelarbeit erfolgen (siehe dazu auch den Abschnitt Schlüsselerlebnisse).

Als Präsentationsobjekt ihrer Forschungsergebnisse erstellen die Kleingruppen ein Lese-Schaufenster (C4)[4]. Ursprünglich stammt diese handlungs- und produktorientierte Methode aus dem Bereich der Leseförderung und ermöglicht Schülerinnen und Schülern eine Selbstevaluation des sinnerschließenden Lesens, da z. B. der erste

---

3 Nach einer Idee von Petra Freudenberger-Lötz (1999): Forschendes Lernen im RU der Grundschule am Beispiel: Kirche im Mittelalter, In: Entwurf 3/99, S.19–25.

4 Die Idee des Lese-Schaufensters wird vorgestellt auf http://bildungsserver.berlin-brandenburg.de/fileadmin/bbb/unterricht/unterrichtsentwicklung/Lesecurriculum/Leseprozesse/konzepte_usw/Schaufenster.pdf. Für die Forscherwerkstatt wurde die Gestaltung entsprechend verändert.

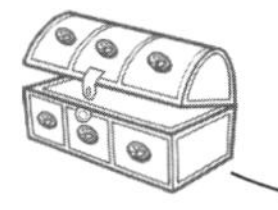

und letzte Satz eines Textes/eines Buches auf dem Rahmen des Schaufensters festgehalten wird und ein wesentlicher Inhalt nicht nur schriftlich, sondern durch die kreative Gestaltung eines Fensters, das aus dem Zusammenkleben einer Vorlage entsteht, dargestellt wird. Das für die Forscherwerkstatt veränderte Lese-Schaufenster gewährt einen „Einblick“ in die Forschungsergebnisse der Lerngruppe:

- Auf den Rahmen des Schaufensters (links – unten – rechts) werden insgesamt drei Sätze geschrieben, die einen wichtigen Inhalt der jeweiligen Begegnungsgeschichte der Legende wiedergeben.
- Im Schaufenster gestaltet die Forschergruppe eine wichtige, exemplarische Szene der Geschichte, die andere Forschergruppen zu Nachfragen motiviert.
- Auf der Rückseite nimmt die Forschergruppe Stellung zu dem Satz: „Franz sagt: Ich möchte sein wie Jesus! In dieser Geschichte verhält sich Franziskus wie Jesus, denn ...“ Die Schülerinnen und Schüler haben auch Platz, um weitere Beobachtungen zu notieren.
- Auf der Vorderseite des Schaufensters gibt die Forschergruppe der Geschichte einen eigenen Titel und notiert die Namen der Mitglieder der Gruppe.

Das Lese-Schaufenster – So wird es gemacht

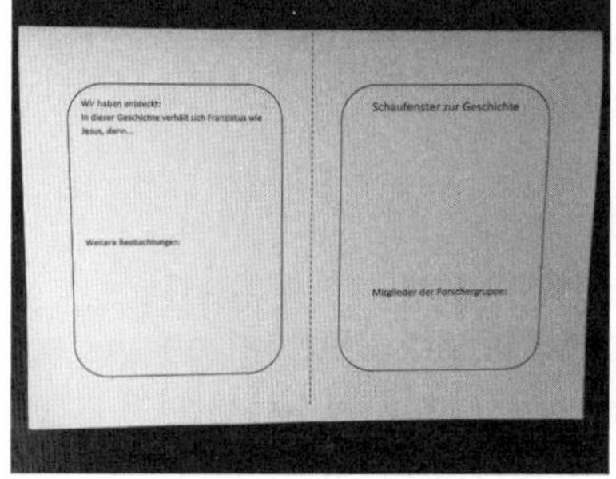

1.

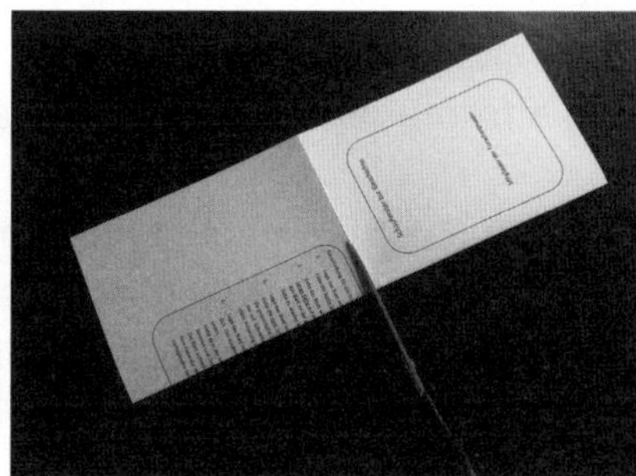

2.

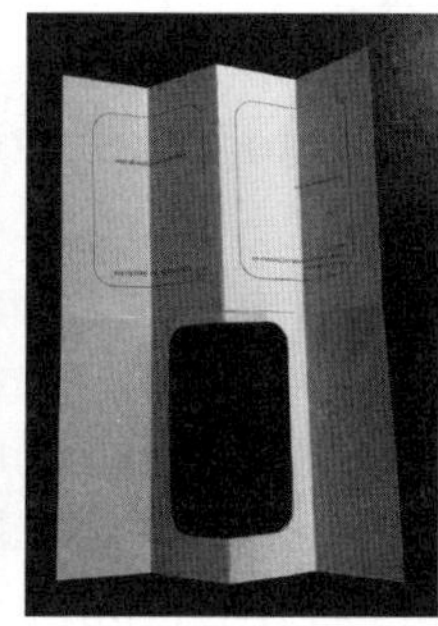

3.

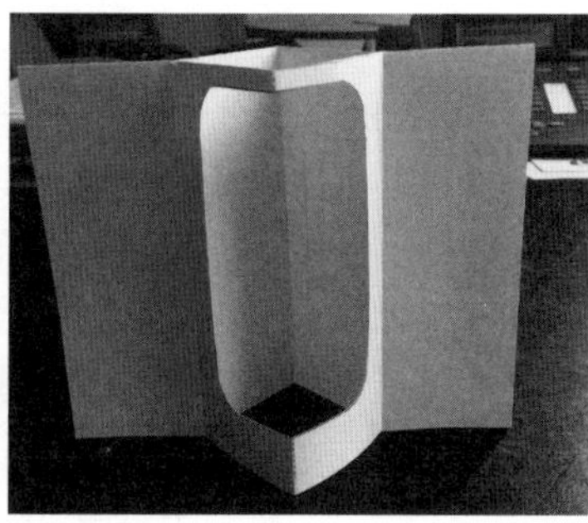

4.

REFLEXION

3.3 Anwenden und Erweitern: Jesus von Nazareth und Franz von Assisi – zwei (un-)gleiche Brüder

Die Reflexionsphase beginnt mit einer Präsentation der Arbeitsergebnisse der Forschergruppen in einem Galeriegang der gesamten Lerngruppe, bei dem die Hälfte der jeweilige Forschergruppe ihr Objekt vorstellt und Fragen der Besuchergruppe beantworten, während die andere Hälfte am Rundgang teilnimmt. Nach der Hälfte der Zeit wird gewechselt.

Anschließend trifft sich die Lerngruppe im Sitzkreis. Die Lese-Schaufenster werden an den Rand der gestalteten Mitte aus der Einstiegsphase gestellt. Einzelne Forschergruppen berichten von ihren Ergebnissen, aus denen sich ein theologisch-christologisches Gespräch entwickeln kann: „Franz sagt: Ich möchte sein wie Jesus! Geht der Wunsch des Franziskus in Erfüllung? Was meinst du?“ Das Gespräch kann durch das Franziskus-Bild (**C8**) unterstützt werden.

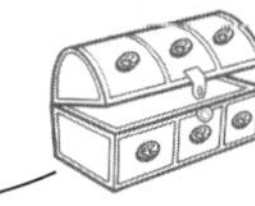

Schlüsselerlebnisse – Alternative Lernwege

Im Mittelpunkt dieser Lernlandschaft steht die kreative Lesearbeit in der Erarbeitungsphase. Damit eignen sich die zur Verfügung gestellten Materialien und Lesetexte hervorragend für ein fächerverbindendes Lernangebot von Deutschunterricht und Religionslehre in einer LESEWERKSTATT.

- In der Einstiegsphase liest oder erzählt die Lehrperson den dritten Brief des Franziskus an Leo (**C1**) bis zu dem Satz: „Ich möchte so sein wie Jesus" und schreibt diesen Satz an die Tafel. Ein Plenumsgespräch sammelt erste Urteile zu der Frage: „Leben wie Jesus – geht das?"
- In der Erarbeitungsphase werden mit Hilfe der Lese- und Erzähltexte (**C7.1–C7.7**) Antworten auf diese Frage gesucht. Eine Lesewerkstatt kann mit Hilfe kooperativer Formen der Lesearbeit[5] in Partnerarbeit gestaltet werden, z. B.:
  - *Aktives Zuhören:* Zwei Schülerinnen und Schüler bekommen unterschiedliche Erzähltexte und lesen zunächst in Einzelarbeit. Anschließend gibt Partnerin A ihre Erzählung mit eigenen Worten wieder. Partner B stellt Verstehensfragen, „Habe ich das richtig verstanden, dass .../Kannst du mir erklären, warum ...?" Danach trägt Partner B seinen Text vor und Partnerin A darf Verstehensfragen stellen.
  - *Ergänzen:* Zwei Schülerinnen und Schüler erhalten denselben Text und lesen ihn in Einzelarbeit. Anschließend werden die Lesetexte verdeckt. Partnerin A beginnt mit dem ersten Satz einer Nacherzählung, Partner B setzt mit einem zweiten Satz die Geschichte fort, Partnerin A formuliert einen dritten Satz usw.

Diese kooperative Lesearbeit kann auch mit einem Lerntempoduett kombiniert werden, bei dem die einzelnen Erzähltexte auf unterschiedlichen Papierfarben kopiert und wahllos verteilt werden. Nach Beendigung der Lesearbeit in Einzelarbeit halten die Schülerinnen und Schüler ihr Blatt hoch und finden so einen Partner, eine Partnerin für das Aktive Zuhören (= unterschiedliche Farben) oder das Ergänzen (= gleiche Farben).

- Die Lesepartner bündeln ihre kooperative Zusammenarbeit in der gemeinsamen Gestaltung eines Bildes zu ihrer Erzählung und/oder bereiten einen gemeinsamen Vortrag der Erzählung vor der Lerngruppe vor.
- Für die Reflexion werden die Bilder zu einem Bilder-Patchwork an die Tafel gehängt. Einzelne Lesegruppen tragen ihre Geschichten vor, die Lerngruppe sucht nach dem passenden Bild (oder umgekehrt: Die Lerngruppe versucht eines der Bilder zu deuten, die Lesegruppen erzählen dazu die passende Geschichte.) Im Plenumsgespräch wird bei jeder Geschichte, bei jedem Bild die Frage aufgeworfen: „Leben wie Jesus – geht das? Gibt die Geschichte vom Franziskus eine Antwort darauf?" Die Lehrperson hängt die Franziskus-Ikone (**C8**) in das Bilder-Patchwork und initiiert eine letzte Gesprächsphase: „Franziskus und Jesus – ein Maler hat die beiden so dargestellt." Das Besondere dieser Ikone ist, dass Franziskus und Jesus gleiche Gesichtszüge tragen.

---

5 Arnhold, Oliver/Karsch, Manfred (2014): Kooperative Lernformen im kompetenzorientierten Religionsunterricht. Göttingen, S.36–39.

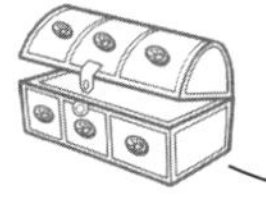

Der dritte Brief des Franz an Leo

Mein lieber Leo,

ich muss mich bei dir entschuldigen, dass du so lange nichts von mir gehört hast. Aber vielleicht weißt du auch schon alles, was ich dir berichten möchte. Denn mein neues Leben ist ja in aller Munde, mal wird über mich gelacht, andere schütteln den Kopf und manche weinen, wenn sie meinen neuen Namen hören: Franziskus.

Warum das alles? Nur weil ich ein neues Leben führen möchte?

Es ist so viel seit meinem letzten Brief an dich geschehen:

Nachdem ich mich von meinem Vater losgesagt habe, stand ich wirklich auf der Straße. Bischof Guido ist zwar ein guter Mann, aber über meine Entscheidung hat auch er nur den Kopf geschüttelt. Bei ihm konnte ich nicht bleiben, also bin ich zurück zu der kleinen Kirche San Damiano. Mit Hilfe des Priesters dort habe ich die Kirche tatsächlich wieder aufgebaut. Fast zwei Jahre haben wir dazu gebraucht. Die Baumaterialien habe ich mir zusammengebettelt, genauso wie das Essen. Manchmal hat man mir nur verschimmeltes Brot hingeworfen. Ich habe gelernt, auch davon satt zu werden.

Aber ich habe nicht aufgegeben und bin weitergezogen. Immer wieder erinnere ich mich an die Worte Jesu: „Franz, bau meine Kirche wieder auf!“ Jesu Worte habe ich befolgt. Erst habe ich die Kirche in San Damiano aufgebaut, dann die Kapelle San Pietro. Jetzt bin ich dabei, die kleine Kirche in Santa Maria di Portiuncula vor dem Verfall zu retten. Einige Freunde helfen mir dabei. Portiuncula liegt mir besonders am Herzen. Ich habe auf Jesu Worte gehört!

Eigentlich möchte ich so leben wie Jesus und seine Jünger. Ich möchte wirklich alles tun, was ich von Jesus weiß und was er gesagt hat. Ich möchte so sein wie Jesus.

Ich lese viel in der Bibel und ich bin oft im Gottesdienst. Über drei Sätze Jesu denke ich immer wieder nach:

Wenn deine Liebe zu den Menschen vollkommen sein soll, dann geh hin, verkaufe alles, was du hast, und gib das Geld den Armen …

Nehmt auf euren Weg nichts mit, keinen Wanderstock, keine Vorratstasche, kein Brot, kein Geld und auch kein zweites Hemd …

Wer mir folgen will, muss alles aufgeben, was er hat, muss Tag für Tag sein Kreuz aufnehmen und meinen Weg gehen …

Ich möchte sein wie Jesus!

Lieber Leo, geht das wirklich? Kann ich so leben wie er?

Es grüßt dich,
Dein Franziskus

Die ersten Jahre der Franziskus-Bewegung (Lehrerinfo)

Der Bruch mit dem Vater bedeutete für Franz im Verzicht auf die Annehmlichkeiten und den Reichtum des Elternhauses die radikale Änderung des Lebenswandels, der dem Ruf in die Nachfolge Jesu entspricht. Zusätzliches Motiv wird dabei etwa seit 1209 die Wiederentdeckung der apostolischen Wanderpredigt in wörtlicher Befolgung von Mt 10,7–14[1]:

Geht und verkündet: Das Himmelreich ist nahe. Heilt Kranke, weckt Tote auf, macht Aussätzige rein, treibt Dämonen aus! Umsonst habt ihr empfangen, umsonst sollt ihr geben. Steckt nicht Gold, Silber und Kupfermünzen in euren Gürtel. Nehmt keine Vorratstasche mit auf den Weg, kein zweites Hemd, keine Schuhe, keinen Wanderstab; denn wer arbeitet, hat ein Recht auf seinen Unterhalt. Wenn ihr in eine Stadt oder in ein Dorf kommt, erkundigt euch, wer es wert ist, euch aufzunehmen; bei ihm bleibt, bis ihr den Ort wieder verlasst. Wenn ihr in ein Haus kommt, dann wünscht ihm Frieden. Wenn das Haus es wert ist, soll der Friede, den ihr ihm wünscht, bei ihm einkehren. Ist das Haus es aber nicht wert, dann soll der Friede zu euch zurückkehren. Wenn man euch aber in einem Haus oder in einer Stadt nicht aufnimmt und eure Worte nicht hören will, dann geht weg und schüttelt den Staub von euren Füßen.

Damit – und mit der Gewinnung von Gleichgesinnten – bilden sich in dieser Zeit die Grundzüge des franziskanischen Lebensideals von Besitzlosigkeit, Heimatlosigkeit, Wanderpredigt, Dienst an Kranken und Armen. Vermutlich in dieser Zeit entsteht eine verlorengegangene Lebensregel (vita evangelii Iesu Christi), die als Sammlung von Schriftworten aus den Evangelien formuliert war.

Nicht nur über die ersten Jahre der Entwicklung der franziskanischen Bewegung gibt es nur wenige Originaldokumente. Erste Biografien über Franziskus werden erst nach seinem Tod verfasst und bedienen sich der legendarischen, mündlichen und schriftlichen Überlieferung, die bereits durch seine spätere Heiligsprechung geprägt sind. In den sog. Fioretti sind eine Vielzahl solcher Legenden überliefert, zu denen vermutlich die Geschichte von der Vogelpredigt und der Zähmung des Wolfs von Gubbio zu den bekanntesten zählen.

Nicht im Kontext der Unterrichtsequenz behandelt, aber für Rückfragen der Schülerinnen und Schüler ist die Kenntnis folgender Sachverhalte wichtig:

1210 zieht Franziskus mit einigen Gefährten nach Rom, um von Papst Innozenz III. die Genehmigung seiner Gemeinschaft zu erhalten, vielleicht auch, um mit einer drohenden Verfolgung nicht das Schicksal der in den Grundzügen ähnlichen Bewegung des Petrus Waldes (Waldenser) zu erleiden. Eigentlich war durch päpstliches Dekret die Einrichtung neuer Ordensgemeinschaften untersagt. In der Ablehnung des benediktinischen Mönchsideals mit seiner Forderung der stabilitas loci (Bleiben an

1 Einheitsübersetzung der Heiligen Schrift © 1980 Katholische Bibelanstalt, Stuttgart.

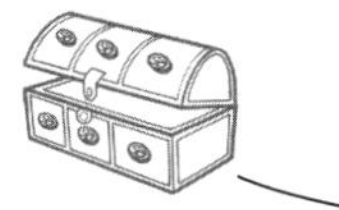

einem Ort der klösterlichen Gemeinschaft), Gehorsamspflicht und Gemeinschaftsbesitz deutet sich die neue Perspektive der Lebensform an, die Franziskus als seinen eigenen christlichen Weg wahrnimmt. Im Gegensatz zu den Benediktinern ist bei den sich etablierenden Franziskanern nicht nur der einzelne Bruder, sondern die Gemeinschaft insgesamt arm und ohne festen Wohnsitz. So entstand in der Folge ab 1211 die Kapelle Portiuncula in der Nähe von Assisi nicht als zentraler Sitz und Besitz dieser Gemeinschaft, sondern als ein von den Camaldulensern gepachteter Ort, an dem sich die Mitglieder der inzwischen wachsenden Gemeinschaft mit der Selbstbezeichnung Minderbrüder (fratres minores) zu jährlichen Konventen am Pfingstfest trafen.

In diese Zeit fällt auch die Konversion der Klara von Assisi. Nicht wie Franziskus bürgerlicher, sondern adeliger Abstammung wählt sie 1212 den Weg in die franziskanische Gemeinschaft. Allerdings endet ihre Konversion in einer sesshaften klösterlichen Gemeinschaft, deren erste Vorsteherin sie wird, für die Franziskus 1212/1213 eine eigene Regel verfasst. Der Weg der Klara gewinnt Eigenständigkeit. Besitzlosigkeit und Heimatlosigkeit bleiben dem sich gründenden Klarissenorden von Beginn an fremd. Eine immer wieder thematisierte Liebesbeziehung zwischen Klara und Franziskus gehört in das Reich der Spekulation. Vermutlich sind sich Franz und Klara nur wenige Male persönlich begegnet.

Allerdings nötigte die kirchenpolitische Situation mit dem Verbot neuer Ordensformen auf dem 4. Laterankonzil 1215 auch Franziskus dazu, der franziskanischen Gemeinschaft eine eigene Regel zu geben. So entstand die nichtbullierte, d.h. nicht päpstlich anerkannte Regel (regula non bulata) von 1221, die 1223 durch die bullierte Regel (regula bulata) abgelöst wurde. Nicht nur die päpstliche Nichtanerkennung der ersten Regel, sondern auch deren radikal das franziskanische Lebensideal betonende Ausrichtung, der viele Gesinnungsgenossen nicht folgen konnten, forderten eine Überarbeitung, in der unter anderem mit der Gehorsamspflicht und dem Austrittsverbot aus dem Orden Ideale früherer Mönchsregeln Einzug hielten. Wenn nicht schon durch die päpstliche Anerkennung von 1209, so zeichnet sich zumindest ab der bullierten Regel ein Prozess ab, der die franziskanische Bewegung mehr und mehr in kirchlich reglementierte, kontrollierte und gesteuerte Bahnen lenkt.

Die Rezeption der Aussendungsrede Jesu aus Mt 10 forderte eine Expansion der missionarischen Ausrichtung des Ordens. Aussendung von Brüdern nach Spanien und Frankreich zeigten unterschiedlichen Erfolg. Eine Missionsreise nach Deutschland blieb erfolglos. Das päpstliche Schreiben „Cum dilecti filii" unterstützte die Missionsbemühungen der Franziskaner, symbolisierte aber auch ihre weitere Inanspruchnahme für kirchliche Interessen. Franziskus selbst versuchte mehrere Male die Überfahrt nach Nordafrika und in den Nahen Osten, ein Weg, der in einer über die Christenheit hinausführenden Mission unter den Muslimen mündete. Während des 5. Kreuzzuges (1217–1221) schloss er sich dem Kreuzfahrerheer an und predigte im Nil-Delta vor dem Sultan al-Kamil. Die Bekehrungsaufgabe, der Wunsch nach dem Märtyrertod und die Möglichkeit, Frieden zu stiften, gelten als Motive für diesen Weg. Mit dem Friedensengagement zeichnet sich ein weiterer Aspekt des franziskanischen Lebensideals ab. In diese Zeit fällt auch die Inszenierung der Weihnachts-

geschichte in einer Felsgrotte als Krippenspiel, das die volksfrömmige Rezeption des Franziskus zum Erfinder der Weihnachtskrippe stilisierte. Der tiefere Sinn dieser Inszenierung entsprach dem besonderen Weg des Franziskus, Jesus im eigenen Leben erfahrbar zu machen:

„Ich möchte nämlich das Gedächtnis an jenes Kind begehen, das in Bethlehem geboren wurde, und ich möchte die bittere Not, die es schon als kleines Kind zu leiden hatte, wie es in eine Krippe gelegt, an der Ochs und Esel standen, und wie es auf Heu gebettet wurde, so greifbar als möglich mit leiblichen Augen schauen." (1 Cel 84)[2]

- Franz von Assisi: Fioretti. Gebete. Ordensregeln. Testament. Briefe. ISBN 978-325 7206418
- Feld, Helmut: Franziskus von Assisi, ²2001, ISBN 978-3406447709
- Holl, Adolf: Der letzte Christ. Franz von Assisi, 2000, ISBN 978-3783118469
- Köpf, Ulrich: Franz von Assisi, in: Greschat, Martin (Hg.), Gestalten der Kirchengeschichte Bd.3 Mittelalter I, 1983, S.282 ff. ISBN 3-17-007885-2

2 Grau, Engelbert (Hg.) (⁶2001): Thomas von Celano, Leben und Wunder des heiligen Franziskus von Assisi, (Franziskanische Quellenschriften 5), S.156 f.

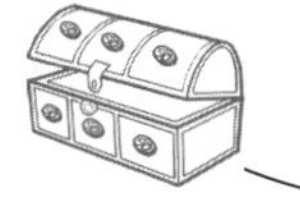

Evangelientexte aus der ursprünglichen Regel des Franziskus[1]

Wenn deine Liebe zu den Menschen
vollkommen sein soll, dann geh hin,
verkaufe alles, was du hast,
und gib das Geld den Armen …

Nehmt auf euren Weg nichts mit,
keinen Wanderstock,
keine Vorratstasche,
kein Brot,
kein Geld und auch kein zweites Hemd …

Wer mir folgen will, muss alles aufgeben,
was er hat, muss Tag für Tag sein Kreuz aufnehmen
und meinen Weg gehen …

1 Nach Mt 19,21, Lk 9,3 und Lk 9,23; Übertragung von Manfred Karsch in Anlehnung an die Gute Nachricht Bibel.

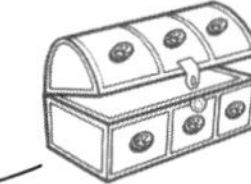

Rohling Lese-Schaufenster

Wir haben entdeckt:
In dieser Geschichte verhält sich Franziskus wie
Jesus, denn …

Weitere Beobachtungen:

Schaufenster zur Geschichte

Mitglieder der Forschergruppe:

Bauanleitung für das Forscherfenster:

1. Lege das Blatt mit der Schrift nach unten. Falte die kurze Seite auf die kurze Seite.
2. Falte das Blatt wieder auf und falte die lange Seite auf die lange Seite. Schneide das Blatt an der gepunkteten Linie ein. Falte es wieder auf.
3. Lege das Blatt mit der Schrift nach oben. Falte die zwei langen Seiten jeweils bis an die gestrichelte Linie. Falte das Blatt wieder auf. Schneide das Fenster, in dem diese Anleitung steht, aus.
4. Lege das Blatt mit der kurzen Seite vor dich. Das ausgeschnittene Fenster liegt unten.
   Hebe es in der Mitte an jeder Seite mit Daumen und Zeigefinger hoch und stelle das Blatt aufrecht.
   Nun klebe die rechts und links aufeinanderliegenden Seiten zusammen.

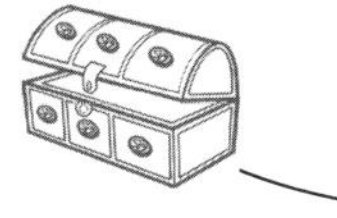

Franziskus und Bernardo

Franziskus sagt: „Ich möchte sein wie Jesus! Geht das wirklich? Kann ich so leben wie er?" Wer war dieser Franziskus? Hat er wirklich so gelebt und so geredet wie Jesus?
Viele Geschichten gibt es von Franziskus. Freunde von ihm haben die Geschichten erzählt und aufgeschrieben. Viele davon werden in Büchern für Kinder weitererzählt.

Ihr seid eine Forschergruppe und untersucht eine dieser Geschichten. Sie handelt von einem Mann mit Namen Bernardo. Ihr findet sie in:

- Buch 3, Seite 30–31
- Buch 9 auf der Seite mit dem Titel *Franziskus und seine Brüder*
- Buch 10, Seite 4–7

☞ Jedes Mitglied eures Forscherteams liest eine Geschichte. Anschließend findet ihr euch wieder in eurer Gruppe zusammen. Erzählt euch gegenseitig die Geschichte. Dann überlegt gemeinsam:

- Was erzählen wir, wenn jemand fragt: „Wer ist Bernardo von Quintavalle?"
- Kennt ihr eine Geschichte von Jesus, die so ähnlich ist wie die Geschichte von Franziskus und Bernardo?
- Was erinnert euch an Jesus in dieser Geschichte? Handelt oder redet Franziskus so, wie ihr es von Jesus gehört habt?
- Was erzählt ihr, wenn jemand fragt: „Führt Franziskus ein Leben so wie es Jesus getan hat?"

☞ Zum Abschluss bekommt ihr Material für ein Franziskus-Schaufenster, in dem ihr wichtige Entdeckungen über ihn in der Geschichte von Franziskus und Bernardo sammelt und den anderen Forscherteams vorstellt.

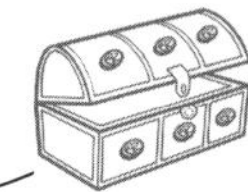

Franziskus und Klara

Franziskus sagt: „Ich möchte sein wie Jesus! Geht das wirklich? Kann ich so leben wie er?“ Wer war dieser Franziskus? Hat er wirklich so gelebt und so geredet wie Jesus?
Viele Geschichten gibt es von Franziskus. Freunde von ihm haben die Geschichten erzählt und aufgeschrieben. Viele davon werden in Büchern für Kinder weitererzählt.

Ihr seid eine Forschergruppe und untersucht eine dieser Geschichten. Sie handelt von einer Frau mit Namen Klara. Ihr findet sie in:

- Buch 4, Seite 22–23
- Buch 5, Seite 30–31
- Buch 10, Seite 10–13
- Buch 12, Seite 18 (auf der Seite ist oben das Gesicht einer Frau abgebildet)

☞ Jedes Mitglied eures Forscherteams liest eine Geschichte. Anschließend findet ihr euch wieder in eurer Gruppe zusammen. Erzählt euch gegenseitig die Geschichte. Dann überlegt gemeinsam:

- Was erzählen wir, wenn jemand fragt: „Wer ist Klara?„
- Kennt ihr eine Geschichte von Jesus, die so ähnlich ist wie die Geschichte von Franziskus und Klara?
- Was erinnert euch an Jesus in dieser Geschichte? Handelt oder redet Franziskus so, wie ihr es von Jesus gehört habt?
- Was erzählt ihr, wenn jemand fragt: „Führt Franziskus ein Leben so wie es Jesus getan hat?“

☞ Zum Abschluss bekommt ihr Material für ein Franziskus-Schaufenster, in dem ihr wichtige Entdeckungen über ihn in der Geschichte von Franziskus und Klara sammelt und den anderen Forscherteams vorstellt.

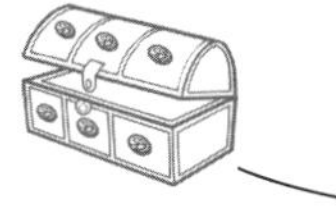

Franziskus und die Vögel

Franziskus sagt: „Ich möchte sein wie Jesus! Geht das wirklich? Kann ich so leben wie er?“ Wer war dieser Franziskus? Hat er wirklich so gelebt und so geredet wie Jesus?
Viele Geschichten gibt es von Franziskus. Freunde von ihm haben die Geschichten erzählt und aufgeschrieben. Viele davon werden in Büchern für Kinder weitererzählt.

Ihr seid eine Forschergruppe und untersucht eine dieser Geschichten. In dieser begegnet Jesus einem Schwarm von Vögeln. Ihr findet sie in:

- Buch 3, Seite 65–66
- Buch 5, Seite 32
- Buch 6, Seite 32–48
- Buch 8, Seite 28
- Buch 12, Seite 20 (auf der Seite sind oben drei Vögel abgebildet)

☞ Jedes Mitglied eures Forscherteams liest eine Geschichte. Anschließend findet ihr euch wieder in eurer Gruppe zusammen. Erzählt euch gegenseitig die Geschichte. Dann überlegt gemeinsam:

- Was erzählen wir, wenn jemand fragt: „Was bedeutet: Franziskus predigt den Vögeln?“
- Kennt ihr eine Geschichte von Jesus, die so ähnlich ist wie die Geschichte von Franziskus und den Vögeln ist?
- Was erinnert euch an Jesus in dieser Geschichte? Handelt oder redet Franziskus so, wie ihr es von Jesus gehört habt?
- Was erzählt ihr, wenn jemand fragt: „Führt Franziskus ein Leben so wie es Jesus getan hat?“

☞ Zum Abschluss bekommt ihr Material für ein Franziskus-Schaufenster, in dem ihr wichtige Entdeckungen über ihn in der Geschichte von Franziskus und den Vögeln sammelt und den anderen Teams vorstellt.

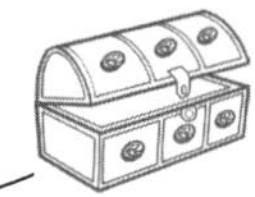

Franziskus und der Wolf

Franziskus sagt: „Ich möchte sein wie Jesus! Geht das wirklich? Kann ich so leben wie er?" Wer war dieser Franziskus? Hat er wirklich so gelebt und so geredet wie Jesus?
Viele Geschichten gibt es von Franziskus. Freunde von ihm haben die Geschichten erzählt und aufgeschrieben. Viele davon werden in Büchern für Kinder weiter erzählt.

Ihr seid eine Forschergruppe und untersucht eine dieser Geschichten. In dieser begegnet Franziskus einem bösen Wolf. Ihr findet sie in:

- Buch 7
- Buch 5, Seite 36–37
- Buch 6, Seite 69–79
- Buch 8, Seite 30–31
- Buch 10, Seite 19–23
- Buch 12, Seite 22 (auf der Seite ist oben der Wolf abgebildet)

☞ Jedes Mitglied eures Forscherteams liest eine Geschichte. Anschließend findet ihr euch wieder in eurer Gruppe zusammen. Erzählt euch gegenseitig die Geschichte. Dann überlegt gemeinsam:

- Was erzählen wir, wenn jemand fragt: „Was bedeutet: Franziskus spricht mit dem Wolf?"
- Kennt ihr ein Märchen, in dem der Wolf eine besondere Rolle spielt? Was ist anders in diesem Märchen und in der Geschichte vom Wolf von Gubbio?
- Manchmal sagt man: „Ein Mensch benimmt sich wie ein Wolf." Was kann das bedeuten?
- Kennt ihr eine Geschichte von Jesus, die so ähnlich ist wie die Geschichte von Franziskus und dem Wolf?
- Was erinnert euch an Jesus in dieser Geschichte? Handelt oder redet Franziskus so, wie ihr es von Jesus gehört habt?
- Was erzählt ihr, wenn jemand fragt: „Führt Franziskus ein Leben so wie es Jesus getan hat?"

☞ Zum Abschluss bekommt ihr Material für ein Franziskus-Schaufenster, in dem ihr wichtige Entdeckungen über ihn in der Geschichte von Franziskus und dem Wolf sammelt und den anderen Teams vorstellt.

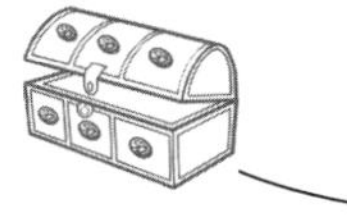

Franziskus und die Weihnachtskrippe

Franziskus sagt: „Ich möchte sein wie Jesus! Geht das wirklich? Kann ich so leben wie er?“ Wer war dieser Franziskus? Hat er wirklich so gelebt und so geredet wie Jesus?
Viele Geschichten gibt es von Franziskus. Freunde von ihm haben die Geschichten erzählt und aufgeschrieben. Viele davon werden in Büchern für Kinder weitererzählt.

Ihr seid eine Forschergruppe und untersucht eine dieser Geschichten. In dieser feiert Franziskus ein ganz besonderes Weihnachtsfest. Ihr findet sie in:

- Buch 5, Seite 40
- Buch 12, Seite 24 (auf der Seite ist oben eine Stadt zu sehen)
- Buch 6, Seite 51–57
- Buch 8, Seite 36–37
- Buch 10, Seite 28–32
- Buch 11

☞ Jedes Mitglied eures Forscherteams liest eine Geschichte. Anschließend findet ihr euch wieder in eurer Gruppe zusammen. Erzählt euch gegenseitig die Geschichte. Dann überlegt gemeinsam:

- Was erzählen wir, wenn jemand fragt: „Wie hat Franziskus Weihnachten gefeiert?“
- Kennt ihr eine Geschichte von Jesus, die so ähnlich ist wie die Geschichte von Franziskus und dem Weihnachtsfest?
- Was erinnert euch an Jesus in dieser Geschichte? Warum ist es für Franziskus so wichtig, dass er eine Weihnachtskrippe mit Menschen und lebenden Tiere aufbauen lässt?
- Was erzählt ihr, wenn jemand fragt: „Führt Franziskus ein Leben so wie es Jesus getan hat?“

☞ Zum Abschluss bekommt ihr Material für ein Franziskus-Schaufenster, in dem ihr wichtige Entdeckungen über ihn in der Geschichte von Franziskus und der Weihnachtskrippe sammelt und den anderen Forscherteams vorstellt.

Franziskus und das Schaf

Franziskus sagt: „Ich möchte sein wie Jesus! Geht das wirklich? Kann ich so leben wie er?" Wer war dieser Franziskus? Hat er wirklich so gelebt und so geredet wie Jesus?
Viele Geschichten gibt es von Franziskus. Freunde von ihm haben die Geschichten erzählt und aufgeschrieben. Viele davon werden in Büchern für Kinder weitererzählt.

Ihr seid eine Forschergruppe und untersucht eine dieser Geschichten. In dieser kümmert sich Franziskus um ein Schaf. Ihr findet sie in:

- Buch 1, Seite 21–24
- Buch 6, Seite 60–68

☞ Jedes Mitglied eures Forscherteams liest eine Geschichte. Anschließend findet ihr euch wieder in eurer Gruppe zusammen. Erzählt euch gegenseitig die Geschichte. Dann überlegt gemeinsam:

- Was erzählen wir, wenn jemand fragt: „Warum kümmert sich Franziskus um ein Schaf?"
- Kennt ihr eine Geschichte von Jesus, die so ähnlich ist wie die Geschichte von Franziskus und dem Schaf?
- Was erinnert euch an Jesus in dieser Geschichte? Handelt oder redet Franziskus so, wie ihr es von Jesus gehört habt?
- Was erzählt ihr, wenn jemand fragt: „Führt Franziskus ein Leben so wie es Jesus getan hat?"

☞ Zum Abschluss bekommt ihr Material für ein Franziskus-Schaufenster, in dem ihr wichtige Entdeckungen über ihn in der Geschichte von Franziskus und dem Schaf sammelt und den anderen Forscherteams vorstellt.

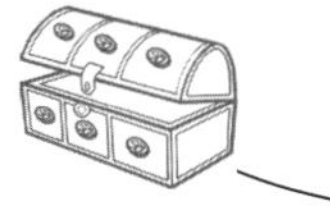

Franziskus und der Sultan

Franziskus sagt: „Ich möchte sein wie Jesus! Geht das wirklich? Kann ich so leben wie er?“ Wer war dieser Franziskus? Hat er wirklich so gelebt und so geredet wie Jesus?
Viele Geschichten gibt es von Franziskus. Freunde von ihm haben die Geschichten erzählt und aufgeschrieben. Viele davon werden in Büchern für Kinder weiter erzählt.

Ihr seid eine Forschergruppe und untersucht eine dieser Geschichten. In dieser trifft Franziskus einen Sultan. Ihr findet sie in:

- Buch 3, Seite 81–83
- Buch 4, Seite 27
- Buch 5, Seite 38
- Buch 8, Seite 38

☞ Jedes Mitglied eures Forscherteams liest eine Geschichte. Anschließend findet ihr euch wieder in eurer Gruppe zusammen. Erzählt euch gegenseitig die Geschichte. Dann überlegt gemeinsam:

- Was erzählen wir, wenn jemand fragt: „Wie kommt es, dass Franziskus einen Sultan trifft?“
- Das Ende der Geschichte wird in den Büchern sehr unterschiedlich erzählt. Welches Ende gefällt euch am besten? Begründet eure Meinung.
- Was erinnert euch an Jesus in dieser Geschichte? Handelt oder redet Franziskus so, wie ihr es von Jesus gehört habt?
- Was erzählt ihr, wenn jemand fragt: „Führt Franziskus ein Leben so wie es Jesus getan hat?“

☞ Zum Abschluss bekommt ihr Material für ein Franziskus-Schaufenster, in dem ihr wichtige Entdeckungen über ihn in der Geschichte von Franziskus und dem Sultan sammelt und den anderen Forscherteams vorstellt.

Bücherliste zu Franz von Assisi

Das Material kann folgende (Bilder-)Bücher umfassen. Sie können größtenteils auch günstig gebraucht erworben oder in einer Bücherei bzw. Mediothek entliehen werden. Für die Forscherwerkstatt werden die Bücher nummeriert, damit sie für die Lerngruppe leicht auffindbar sind:

1) Berton, Georges (1996): Der mit den Vögeln sprach – Eine Erzählung über Franz von Assisi. Stuttgart
2) Boliger-Savelli, Antonella/Wölfel, Ursula (1981): Bruder Franz von Assisi. Düsseldorf
3) Bolliger, Max (1987): Euer Bruder Franz – Tatsachen und Geschichten aus dem Leben des Franz von Assisi. Freiburg
4) Ceserani, Gian Paolo (2006): Auf den Spuren von Franz von Assisi. Stuttgart
5) Denham, Joyce/Temporin, Elena (2008): Der heilige Franziskus. Kevelaer
6) Jooß, Erich/Seelig, Renate (2013): Franz von Assisi und die Sprache der Tiere. Stuttgart/Wien
7) Kasuya, Masahiro (1993): Franziskus begegnet dem Wolf. Hamburg
8) Koslowski, Jutta/Brandt, Claudia (2007): Schwester Sonne, Bruder Mond – Die Geschichte des Franz von Assisi erzählt für Kinder. Moers
9) Kröger, Franz Josef (2013): Vom heiligen Franziskus – den Kindern erzählt. Kevelaer
10) Mayer-Skumanz, Lene/Singer, Elisabeth (1995): Franziskus und seine Gefährten. Innsbruck/Wien
11) Mayer-Skumanz, Lene/Sopko, Eugen (1990): Eine Krippe im Wald – eine Weihnachtslegende. Düsseldorf
12) Quadflieg, Josef/Gantschev, Ivan (2014): Franziskus von Assisi. Frankfurt/M.
13) Visconti, Guido/Landmann, Bimba (2003): Franziskus und Klara – Eine Geschichte aus Assisi. Freiburg

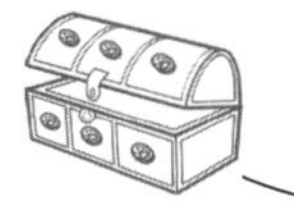

Franziskus und Bernardo

Bernardo von Quintavalle ist ein sehr reicher Mann und lebt in Assisi. Bernardo hat von dem neuen Leben des Franziskus gehört. Er fragt sich, ob das, was über Franziskus erzählt wird, wirklich wahr ist. Deshalb lädt er Franziskus zum Abendessen ein, um etwas über ihn zu erfahren. Da es spät geworden ist, überredet Bernardo seinen Gast, bei ihm zu übernachten.

Bernardo von Quintavalle verteilt sein Vermögen, José Benlliure y Gil (1855–1937)

Aber Bernardo hat einen Plan: Er will überprüfen, was Franziskus macht, wenn er allein ist. Deshalb stellt er das Bett seines Gastes in sein eigenes Schlafzimmer. So kann er Franziskus gut beobachten. Auch Bernardo geht zu Bett und tut so, als ob er schliefe. Ja, er fängt sogar laut an zu schnarchen.

Als Franziskus meint, dass sein Gastgeber schliefe, steht er auf, kniet nieder, hebt die Hände zum Himmel und betet. Dabei fallen ihm Tränen von den Augen. Und Bernardo beobachtet ihn heimlich und hört immer wieder die Worte: „Mein, mein Gott!“ Und Bernardo hört, wie Franziskus Gott um seine Hilfe und Begleitung für sein neues Leben bittet.

Bernardo ist gerührt und begeistert von dem, was er in dieser Nacht von Franziskus erlebt hat. Am anderen Morgen spricht er seinen Gast an: „Bruder Franziskus, ich bin fest entschlossen, mein Leben zu ändern und mit dir zu gehen. Ich will alles tun, was du mir sagst! Ich möchte so leben wie du.“

Franziskus blickt Bernardo freundlich und glücklich an und sagt: „Wenn das wirklich dein Wunsch ist, dann wollen wir in eine Kirche gehen. Dort beten wir und hören den Rat Jesu.“ Franziskus und Bernardo gehen in eine Kirche und feiern dort Gottesdienst. Nach dem Gottesdienst bitten sie den Priester, die Bibel zu nehmen und dreimal zufällig aufzuschlagen und zu lesen. Der Priester erfüllt ihre Bitte.

Beim ersten Mal liest er: *Jesus sagt: Wenn du vollkommen sein willst, geh hin, verkaufe alles, was du hast, und gib es den Armen.“*

Beim zweiten Mal liest er: *Jesus sagt: Nehmt nichts mit auf den Weg, weder einen Stab noch eine Tasche. Nehmt kein Brot mit und kein Geld.*

Und als er das dritte Mal die Bibel aufschlägt, liest er: *Wer mit mir gehen will, der verleugne sich selbst, nehme sein Kreuz auf sich und folge mir nach.“*

Da weiß Bernardo, was er zu tun hat. Er geht nach Hause und verkauft alles, was er besitzt. Voller Freude geht er zu Witwen, Waisen und Kranken und verteilt seinen ganzen Reichtum unter ihnen. Und dann geht er zu Franziskus und lebt so wie er.

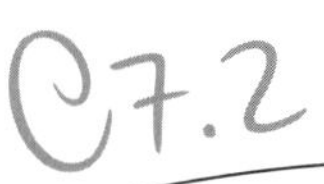

Franziskus und Klara

Klara stammt aus einer adligen Familie in Assisi. Sie ist erst sechzehn Jahre alt. Ihre Familie ist reich und ihr Vater möchte, dass sie einmal einen jungen Mann aus einer reichen und adligen Familie heiratet.

Sie hört davon, wie Franziskus mit seinen Freunden, die er seine Brüder nennt, bei der kleinen Kapelle Portiuncula lebt. Sie hört davon, dass Franziskus den Armen hilft. Und sie hört, wie er in den Kirchen in der Gegend von Assisi predigt und von Gott erzählt, der wie ein Vater die Menschen liebt.

San Damiano (in Assisi). Hieronymuskapelle: Fresko (1520) von Tiberio d'Assisi mit heiligem Franz und der heiligen Klara von Assisi.

Klara trifft eine Entscheidung. Sie beschließt, sich von ihrer Familie zu trennen. Sie möchte alle Reichtümer und allen Besitz abgeben und sie möchte wie Franziskus leben.

Klara spricht mit Franziskus und erzählt ihm von ihrer Entscheidung: „Ich will so leben wie Jesus und ich möchte eine Schwester des Franziskus sein. Ich will den Armen helfen und Kranke pflegen und betteln wie die Brüder des Franziskus." Franziskus sagt. „Wenn du so leben willst wie ich und meine Brüder, dann komm zur Kapelle Portiuncula. Dort wirst du meine Schwester werden." Heimlich verlässt Klara eines Nachts das Haus ihrer Eltern. Sie trifft Franziskus und seine Brüder. Ihr Entschluss steht fest: Wie Franziskus legt sie ihre schönen und teuren Kleider ab und zieht die braune Kutte an. Klara hat schönes, langes, blondes Haar. Franziskus nimmt eine Schere und schneidet ihr das Haar ab: „Das ist ein Zeichen. Nun bist du unsere Schwester Klara."

Klaras Vater erfährt davon, dass seine Tochter nun eine Schwester des Franziskus ist. Er tobt vor Wut. Klara versteckt sich in einem Kloster. Als ihr Vater sie holen will, hält sie sich am Altar fest und zeigt ihm ihr kurzes Haar. Nun weiß der Vater: Klara hat unsere Familie verlassen.

Klara ist die erste Frau, die eine Schwester des Franziskus wurde. Später gehen auch andere Frauen diesen Weg mit Franziskus. Sogar Klaras Mutter und Schwestern gehen diesen Weg. Bischof Guido von Assisi erlaubt ihnen, in der kleinen Kirche San Damiano zu wohnen. Das ist die Kirche, die Franziskus wieder aufgebaut hat. Klara lebt wie eine Schwester des Franziskus. Ihr Wunsch ist in Erfüllung gegangen: „Ich möchte so leben wie Franziskus und ich möchte Jesus nachahmen."

C7.3

Franziskus und die Vögel

Franziskus redet mit vielen Menschen über Gott, sogar mit den Vögeln. Auch das ist eine Geschichte, die von ihm erzählt wird:

Einmal ist Franziskus mit seinen neuen Brüdern unterwegs in der Nähe eines Ortes, der Bevagna heißt. Auf einem Feld sehen sie eine große Schar Vögel, vor allem Tauben und Krähen. Franziskus ist so glücklich über diesen Anblick, dass er seine Brüder auf dem Weg zurücklässt und auf die Vögel zuläuft. Zur Überraschung seiner Brüder fliegen die Vögel nicht weg, sondern blicken zu Franziskus auf. Dieser steht vor ihnen, breitet die Arme aus und redet mit ihnen:

Statue des Franziskus mit den Vögeln vor der St. Franziskus v. Assisi in Neufahrn

Ihr lieben Vögel, meine lieben Schwestern. Ihr dürft nie aufhören, Gott, unseren Schöpfer, zu loben. Immer sollt ihr Gott lieben. Denn er hat euch wunderbar gemacht. Er hat euch Federn gegeben, die sind eure Kleidung. Ihr habt Flügel und könnt durch die Luft fliegen. Ihr habt alles, was ihr braucht. Ihr braucht nicht zu säen und ihr braucht nicht zu ernten. Gott beschützt euch und ist immer für euch da. Ihr braucht euch keine Sorgen zu machen.

Die Brüder hören, wie die Vögel bei diesen Worten anfangen zu zwitschern. Sie sehen, wie sie die Hälse ausstrecken und die Flügel ausbreiten. Zum Ende seiner Predigt geht Franziskus durch die Menge der Vögel auf und ab. Er hebt seine beiden Arme und segnet sie. Dann erlaubt er ihnen, wegzufliegen.

Als Franziskus wieder mit seinen Brüdern unterwegs ist, lobt er Gott und dankt ihm für alle Lebewesen auf der Erde. Und Franziskus predigt von Gott nicht nur den Menschen. Franziskus spricht sogar mit Fischen, einem Hasen und den Würmern auf der Erde.

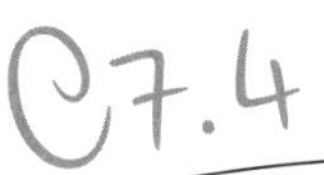

Franziskus und der Wolf

Franziskus redet mit vielen Menschen über Gott, sogar mit einem Wolf. Auch das ist eine Geschichte, die von ihm erzählt wird:

Ein großer, wilder und gefräßiger Wolf lebt in der Nähe der Stadt Gubbio. Die Bürger sind in Angst und Schrecken, denn der Wolf fällt nicht nur Tiere an, sondern auch Menschen. Kaum einer wagt sich mehr aus der Stadt. Als Franziskus davon erfährt, hat er Mitleid mit den Bewohnern und macht sich auf die Suche nach dem Wolf. Vor den Toren der Stadt trifft er auf ihn. Alle fürchten: Nun wird der Wolf den Franziskus fressen. Er rennt auf Franziskus zu. Doch dieser hebt seine Arme und macht das Zeichen des Kreuzes. Da senkt der Wolf den Schwanz und legt sich wie ein braver Hund zu den Füßen des Franziskus. Dieser beugt sich zu ihm herab und streichelt sein Fell. Er sagt: „Mein lieber Bruder Wolf, ich gebiete dir im Namen Jesu, dass du nie mehr etwas Böses gegen die Menschen und andere Tiere tun sollst. Du hast schon so viel Böses getan und eigentlich hättest du eine Strafe verdient. Aber ich will dir vergeben. Versprichst du mir, dass du Frieden mit den Menschen von Gubbio schließt und auch den Tieren nichts mehr Böses tust?“ Da hebt der Wolf seinen Kopf und zeigt durch das Wedeln seines Schwanzes, dass er verstanden hat. Franziskus streckt seine Hand aus und der Wolf legt seine Pfote rein.

St. Klara von Assisi Kirche in Porto Alegre, Brasilien
© Eugenio Hansen, OFS

Dann gehen Franziskus und der Wolf Seite an Seite nach Gubbio. Die Leute erschrecken. Aber Franziskus sagt: „Liebe Schwestern und Brüder, Bruder Wolf ist zu euch gekommen, um Frieden mit euch zu schließen. Er wird den Frieden mit euch halten und wird euch nichts Böses mehr tun.“ Und als Zeichen für den Frieden hebt Franziskus noch einmal den Arm und der Wolf legt seine Pfote wieder in seine Hand.

Es ist wie ein Wunder: Der Wolf lebt von nun an in der Stadt Gubbio. Er geht zutraulich von Haus zu Haus, er lässt sich streicheln und er greift niemanden mehr an. Die Menschen sind freundlich zu ihm und geben ihm zu essen. So lebt der Wolf noch zwei Jahre in der Stadt. Dann stirbt er an Altersschwäche. Darüber sind die Bürger sehr traurig. Der zahme und sanfte Wolf hat die Menschen an Franziskus erinnert.

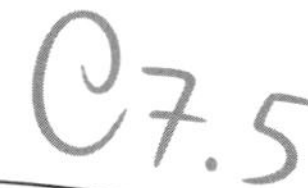

Franziskus und die Weihnachtskrippe

Franziskus hat ein ganz besonderes Weihnachtsfest gefeiert. Davon erzählt die folgende Geschichte:

Franziskus möchte, dass die Menschen nicht nur von Gott und Jesus hören. Die Menschen sollen sehen, dass Jesus nicht nur Gottessohn gewesen ist, sondern als armer Mensch geboren wurde. Deshalb hat er die Idee, eine ganz besondere Weihnachtskrippe zu gestalten. Solch eine Weihnachtskrippe hatte es noch nie gegeben. Franziskus lässt die Geburt Jesu so darstellen, wie es in der Geschichte von der Geburt Jesu in der Bibel steht.

Giotto di Bondone um 1266–1337
Fresko um 1295/1300, Szene: Die Weihnachtsfeier im Walde von Greccio, in Assisi, S. Francesco

Dazu geht Franziskus zu seinem Freund Johannes. Der lebt in dem kleinen Dorf Greccio. Franziskus sagt: „Johannes, ich brauche deine Grotte draußen im Wald.“ Eine Grotte ist eine Höhle, die in einen Felsen geschlagen ist. Johannes sagt. „Die Grotte kannst du haben.“ Franziskus sagt: „Und ich brauche deinen Esel und deinen Ochsen und viel Stroh. Und natürliche eine Futterkrippe. Alles soll so aussehen wie damals im Stall von Bethlehem.“

Johannes besorgt alles, wie Franziskus es wünscht. Und am Weihnachtsabend gehen alle Menschen des kleinen Dorfes Greccio mit Fackeln in den Wald zur Grotte. Dort hat Franziskus die Weihnachtsgeschichte vor ihren Augen aufgebaut: Die Futterkrippe ist mit Heu gefüllt, der Ochse und der Esel stehen in der Grotte. Der Stall von Bethlehem – neu aufgebaut vor den Augen aller Menschen.

Und Franziskus steht mitten in der Grotte. Er erzählt die Geschichte von der Geburt Jesu und predigt und sagt: „Hier kommt Gott in unsere Welt. Er kommt als hilfloses Kind, er ist umgeben von Tieren und Stroh, so wie wir heute. Jesus ist ein Mensch wie wir.“

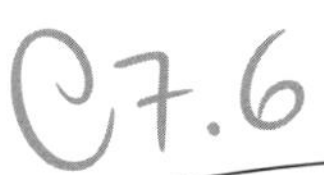

Franziskus und das Schaf

Einmal rettete Franziskus ein kleines Schaf. Denn für ihn waren alle Lebewesen, ob Menschen oder Tiere, seine Schwestern und Brüder:

Franzsikus streichelt das Schaf
José Benlliure y Gil (1855–1937)

Franziskus ist mit einem seiner neuen Brüder, dem Bruder Paul, unterwegs in der Nähe der Stadt Osimo. Dort begegnet ihnen ein Hirte, der eine Herde aus Schafen und Ziegen zur Stadt treiben will.

Franziskus sieht, wie die Tiere munter den Weg entlanglaufen. Aber da ist ein kleines Schaf, das von den anderen Schafen und den Ziegen immer wieder geschubst und gestoßen wird. Franziskus hat Mitleid mit dem kleinen Schaf. Er sagt: „Sieh nur, Bruder Paul, das kleine Schaf. Es erinnert mich an Jesus, als er von den Soldaten gefangen genommen wurde und zum Kreuz geführt wurde. Wir werden dem Schaf helfen. Wir werden es kaufen und mitnehmen.“ Aber Bruder Paul sagt: „Lieber Bruder Franziskus, du hast ja Recht. Aber wir haben kein Geld, um das Schaf zu kaufen. Womit sollen wir es bezahlen?“ Da wird Franziskus sehr traurig und weint über das kleine Schaf. Das sieht ein Händler, der gerade an ihnen vorbeigeht. Der Händler hatte gerade ein gutes Geschäft gemacht und hat viel Geld bei sich. Als er Franziskus sieht, hat auch er Mitleid und schenkt Franziskus eine Säckchen mit Geld. Nun kann Franziskus das Schaf kaufen.

So gehen sie zu dritt weiter: Franziskus, Bruder Paul und das kleine Schaf, Bruder Lamm! Aber das Schaf ist klein und kann nicht immer mit ihnen die weiten Wege gehen. Deshalb bringen sie das Schaf zu einem Kloster und bitten die Nonnen: „Seid so lieb und kümmert euch um unser Schaf, Bruder Lamm!“ Die Nonnen nehmen das Schaf in ihrem Kloster auf. Und nun lebt das Schaf bei den Nonnen. Im nächsten Sommer wird das Schaf geschoren. Aus der Wolle machen die Nonnen eine neue Kutte für Franziskus.

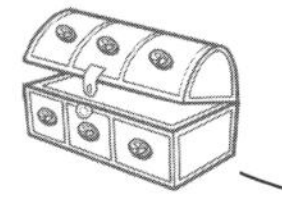

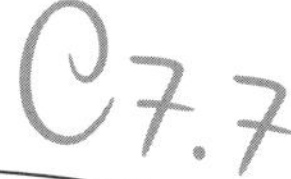

Franziskus und der Sultan

Franziskus war es wichtig, dass alle Menschen von Jesus hören, sogar ein Sultan. Deshalb machte er sich auch auf den weiten Weg von Italien nach Israel, von Assisi bis nach Jerusalem. Dort trifft er den Sultan:

Ausschnitt aus dem Freskenzyklus zum Leben des Heiligen Franziskus von Assisi von Giotto di Bondone (1266–1337)

Zu der Zeit, in der Franziskus lebt, gibt es einen großen Krieg. Ein großes Heer der Muslime hatte Jerusalem erobert. Jerusalem ist auch für die Christen wichtig. Denn dort hat Jesus gelebt. Viele Ritter aus ganz Europa reisen in den Orient, um gegen die Muslime zu kämpfen und um Jerusalem zu erobern. Sie nennen sich Kreuzfahrer. Franziskus möchte, dass alle Menschen in Frieden miteinander leben. Deshalb reist er mit einigen seiner Brüder nach Jerusalem. Er möchte nicht kämpfen, sondern von Gottes Liebe erzählen. Er möchte, dass alle Menschen Brüder und Schwestern sind.

Franziskus wird von den Soldaten des Sultans al-Kamil gefangengenommen. Franziskus und seine Brüder werden geschlagen und gefesselt. Franziskus bittet, vor den Sultan geführt zu werden. Und tatsächlich: Sie werden von dem Sultan empfangen. Der Sultan wundert sich über die seltsamen Menschen aus Europa. Denn Franziskus und seine Brüder sind nicht wie die Ritter gekleidet. Sie tragen keine Rüstung und keine Waffen, sondern ihre einfache Kleidung aus braunem Stoff mit einem Seil als Gürtel.

Franziskus predigt vor dem Sultan. Er erzählt von seinem Glauben an Gott und Jesus. Und tatsächlich werden Franziskus und seine Brüder von dem Sultan begnadigt und sie dürfen nach Italien zurückkehren.

Es gibt sehr unterschiedliche Berichte darüber, wie die Geschichte von Franziskus und dem Sultan ausgegangen ist. Einige Erzähler berichten davon, dass Franziskus überall im Reich des Sultans predigen durfte. Andere berichten nur davon, dass Franziskus und der Sultan Freunde wurden. Schließlich gibt es Erzähler, die davon berichten, dass der Sultan kurz vor seinem Tod getauft wurde und Christ geworden ist.

Welches Ende der Geschichte wirklich so geschehen ist, wissen wir nicht. Wichtig aber ist: Franziskus hat allen Menschen von Gott und Jesus erzählt. Franziskus wollte, dass alle Menschen Brüder und Schwestern Jesu sind.

Franziskus und Jesus

© Santuario San Damiano, Assisi – Italia, Sigillum Conventus Sancti Damiani

4. Schatzkiste: Bruder Franz und Bruder Tod

Methodisch-didaktische Hinweise

MATERIAL

Anknüpfen	Bruder Tod – Ein Brief des Leo an die Brüder und Schwestern des Franziskus	➠ Liedtext „Laudato si“ (**A9**) als Handzettel, OHP- oder Beamerprojektion ➠ Figurenkegel Franziskus in braunem Umhang mit Seil ➠ Tücher für eine gestaltete Mitte: Gelb, Rot, Dunkelblau, Mittelblau, Hellblau, Rot ➠ Schatzkiste, darin: ➠ Ein Briefumschlag mit Trauerrand mit der Aufschrift „An alle Schwestern und Brüder des Franziskus“ mit dem Brief des Leo (**D1**) ➠ Karteikarten: Strophen vom Tod (**D3**), ➠ Karteikarten mit den ausgewählten Strophen des Sonnengesangs (**A3**). ➠ Bild: Franziskus und Jesus (**C8**) ➠ Lehrerinfo zur franziskanischen Bewegung bis zum Tod des Franziskus (**D2**)
Einfühlen und Deuten	Die Sprache der Bilder – Ein Bild vom Bruder Tod	➠ Karteikarten: Strophen vom Bruder Tod (**D3**) ➠ Ein Bild vom Bruder Tod – Arbeitsauftrag (**D4**) ➠ Buntstifte, Wachsmalkreide, Filzstifte ➠ DIN **A6**-Kartons (Postkartenformat)
Einfühlen und Deuten	Das Sprache der Töne – Klänge vom Bruder Tod	➠ Ein digitales Aufnahmegerät (u. a. Ipod, Diktiergerät) mit der Aufnahme aus der ersten Schatzkiste ➠ Karteikarten: Strophen vom Tod (**D3**) ➠ Das Lied vom Bruder Tod – Arbeitsauftrag (**D5**) ➠ Ausgewählte Klang- und Rhythmusinstrumente
Anwenden und Deuten	Die Sprache des Körpers – den Bruder Tod darstellen	➠ Karteikarten: Strophen vom Bruder Tod (**D3**) ➠ Der Bruder Tod in Bildern – Arbeitsauftrag (**D6**) ➠ Digitalkamera, Smartphone o.ä.
Erklären und Erweitern	Laudato si – Ich lobe meinen Gott auch für den Tod! – Geht das wirklich?	➠ Liedtext „Laudato si“ (**A9**) als Handzettel, OHP- oder Beamerprojektion mit zusätzlicher siebter Strophe ➠ Franziskus und der Sonnengesang (**D7**)

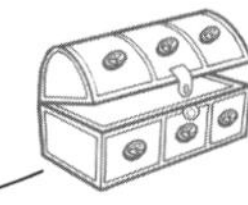

VORBEREITUNG

Die gestaltete Mitte aus farbigen Tüchern und Schatzkiste wird wieder wie bekannt hergestellt. In der Schatzkiste befindet sich neben dem Holzkegel als Franziskusfigur ein Briefumschlag mit Trauerrand mit der Aufschrift „An alle Schwestern und Brüder des Franziskus" (**D1**). Die Materialien für die drei Lernorte in der Erschließungsphase werden bereitgestellt. Sie entsprechen annähernd dem Materialangebot aus der ersten Lernlandschaft. Die Lehrperson hat sich vor der Sequenz mit der Entwicklung der franziskanischen Bewegung bis zum Tod des Franziskus (**D2**) vertraut gemacht, um die Gesprächssequenzen zu moderieren und für Sachfragen vorbereitet zu sein.

ABLAUF

Der Einstieg im Sitzkreis mit der aus den Tüchern gestalteten Mitte beginnt mit der Qualität ANKNÜPFEN. Überraschend für die Lerngruppe befindet sich in der Schatzkiste kein Brief des Franziskus, sondern ein Brief des Bruders Leo, der die Brüder und Schwestern des Franziskus über die Umstände der Stigmatisierung, des Sterbens und des Todes des Franziskus informiert und die neuen Strophen des Sonnengesangs, die den Bruder Tod besingen, einführt. Daran anschließend initiiert die Lehrperson ein erstes theologisches Gespräch: „Kann der Tod ein Bruder sein?"

In der Erschließungsphase werden mit den Qualitäten EINFÜHLEN, DEUTEN und ANWENDEN die neuen Strophen von Krankheit und Leid und dem Bruder Tod durch Methoden, die aus der Erschließungsphase der Erarbeitung der ersten Schatzkiste bekannt sind, untersucht.

Die Reflexionsphase mit den Qualitäten ANWENDEN und ERWEITERN setzt das in der Einstiegsphase initiierte theologische Gespräch fort: „Ich lobe meinen Gott auch für den Tod! – Geht das wirklich?" Die Schülerinnen und Schüler stellen dazu ihre Lernergebnisse aus der Erschließungsphase vor.

LERNCHANCEN

Die theologischen Fragen, die die Darstellung der letzten Lebensmonate, Sterben und Tod des Franziskus aufwerfen, reichen in den Bereich der Christologie, der Schöpfungstheologie und in Fragen der Theodizee.

Die Legenden um Franziskus unterstützen sein Selbstverständnis als Christ im Sinne eines Lebens und Handelns wie Jesus, das in der körperlichen Erfahrung der Wundmale Jesu (Stigmatisierung) zwei Jahre vor seinem Tod ihren sichtbaren Ausdruck erhält. Historisch kann dieser Vorgang nicht belegt werden, sondern bleibt ein Zeugenbericht über den „erinnerten Franziskus". Auf der symbolischen Ebene beschreibt die Stigmatisierung die Konsequenz des franziskanischen Lebensweges: Wer sich wie Franziskus voll und ganz mit dem Leben Jesu identifiziert, wird auch den nächsten Schritt gehen und den eigenen Tod wie den Tod Jesu erleben. In diesem Sinne kann man die Antwort des Franziskus auf die christologische Frage („Wer ist Jesus Christus für mich?") als handlungs-, erfahrungs- und produktorientiert deuten: „Mit meinem Leben, Sterben und Tod erfahre ich, wer Jesus Christus für mich ist!" Gleichzeitig betont diese Antwort den bleibenden Unterschied zwischen Franziskus und Jesus: Franziskus lebt und stirbt *wie* Jesus, aber er lebt und stirbt nicht *als* Jesus. Franziskus möchte ein Zwilling Jesu sein, aber er versteht sich nicht als ein zweiter Christus!

Wer wie Franziskus die Schöpfung und ihre Elemente als eine große Familie ansieht und sich selbst als eines dieser Familienmitglieder, wird in seiner Schöpfungstheologie auch die dunklen Seiten unserer Welt nicht aus dieser Familie ausschließen,

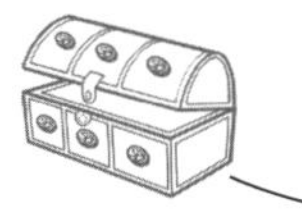

sondern sogar dankbar, wertschätzend und liebevoll annehmen. Krankheit, Leid und Tod sind keine Stiefgeschwister dieser großen Familie. Ihnen gilt das gleiche Lob, die gleiche Dankbarkeit und Zuneigung wie den anderen Lebensgeschenken Gottes.

Aus der Perspektive der Theodizee, die nach Antworten auf die Frage nach dem Grund von Krankheit, Leid und Tod fragt, gibt Franziskus damit eine überraschende, vielleicht einmalige Antwort. Nicht als Unvollkommenheit der Welt, als Prüfung, Strafe oder gar „der Sünde Sold" (Röm 6,23) und schließlich Konsequenz der „gefallenen Welt" gelten ihm Leid, Krankheit und Tod, sondern sie sind Teile des Lebens, so wie Gott es gewollt hat und will. Der Tod ist Teil des von Christen geglaubten Heilsgeschehens: „Jeder Mensch muss sterben. Aber alle Menschen kommen zu dir."

Die theologischen Gespräche, die in dieser vierten Lernlandschaft initiiert werden, nähern sich vorsichtig diesen Einsichten. Es kann und es darf mit Widerständen vonseiten der Schülerinnen und Schüler gerechnet werden. Die Lehrperson wird „auf Augenhöhe" reden und hören und damit selbst Fragende bleiben.

Die vierte Lernlandschaft eröffnet für die Schülerinnen und Schüler Lernchancen, sich vorsichtig mit den Fragen von Sterben und Tod auseinanderzusetzen und zu erproben, ob die Antworten des Franziskus hilfreich sein können. Die Lehrperson wird dabei umsichtig mit möglicher persönlicher Betroffenheit der Lerngruppe bei diesem Themenfeld umgehen und die entwicklungspsychologischen Bedingungen berücksichtigen: Für Kinder im Grundschulalter wird der Tod als endgültige Trennung allmählich fassbar. Sie erkennen, dass der Tod alle Menschen, auch ihnen nahestehende Personen und sie selbst betrifft. Sachliches und häufig sehr nüchtern wirkendes Interesse an Fragen des Sterbens und des Todes wechselt mit eigenen Jenseitsvorstellungen.[1]

Verlaufsplan

EINSTIEG

4.1 Anknüpfen: Bruder Tod – Ein Brief des Leo an die Brüder und Schwestern des Franziskus

Die Lehrperson öffnet die Schatztruhe, entnimmt ihr die Franziskusfigur mit braunem Umhang und Seil-Gürtel und stellt sie in die gestaltete Mitte. Die Lerngruppe rekonstruiert mit Hilfe des Franziskus-Jesus-Bildes (**C8**) das theologisch-christologische Gespräch: „Sind Franziskus und Jesus Brüder, ja vielleicht sogar wie Zwillinge?"

Die Lehrperson entnimmt der Schatzkiste den Brief Leos (**D1**). Die Lerngruppe stellt angesichts des Trauerrands und der Anschrift Mutmaßungen über den Inhalt an. Anschließend wird der Brief Leos verlesen. An den markierten Stellen wird die Franziskusfigur entkleidet und hingelegt und die bisher bekannten Strophen des Sonnengesangs verlesen und kreisförmig in die gestaltete Mitte gelegt. Anschließend setzt die Lehrperson mit Leos Brief fort, verliest die Karteikarte mit den Strophen von Krankheit und Leid und vom Bruder Tod (**D3**). Die Karte wird mehrmals von Mitgliedern der Lerngruppe gelesen und anschließend zur Franziskus-Figur zur Initiierung eines theologischen Gesprächs gelegt: „Kann der Tod ein Bruder sein?"

---

1 Siehe dazu z. B. Plieth, Martina (2013): Tote essen auch Nutella ... Die tröstende Kraft kindlicher Gottesvorstellungen. Freiburg; dies. (2009): Kind und Tod. Zum Umgang mit kindlichen Schreckensvorstellungen und Hoffnungsbildern. Neukirchen-Vluyn.

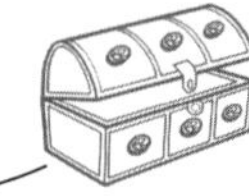

ERSCHLIESSUNGSPHASE

Die Erschließungsphase eröffnet die Möglichkeit, die im ersten theologischen Gespräch geäußerten Antworten auf die Frage, ob der Tod ein Bruder sein kann, zu vertiefen und zu überprüfen, zu korrigieren oder sich neu zu orientieren. Dazu wird an drei Lernorten an der neuen Liedstrophe des Sonnengesangs gearbeitet. Es kommen die gleichen Methoden zum Einsatz, die bereits in der ersten Schatzkiste zur Vertiefung des Sonnengesangs dienten. Die zum Einsatz kommenden Sozialformen können je nach Zusammensetzung der Lerngruppe variieren.

4.2 Einfühlen und Deuten: Die Sprache der Bilder – Ein Bild vom Bruder Tod

An diesem Lernort arbeiten die Schülerinnen und Schüler in Einzelarbeit. Sie lesen die Karteikarte mit der neuen Strophe des Sonnengesangs (**D3**) und gestalten zu dieser Strophe ein Bild im Postkartenformat (**D4**). Am Lernort werden die Bilder zunächst ausgestellt, in der Reflexion zum Bodenbild gelegt.

4.3 Einfühlen und Deuten: Die Sprache der Töne – Klänge vom Bruder Tod

An diesem Lernort wird zu zweit oder nach Möglichkeit in einer Gruppe gearbeitet (**D5**). Die Schülerinnen und Schüler hören sich zunächst die Verklanglichung des Sonnengesangs aus der ersten Schatzkiste an. Anschließend beraten sie, wie und mit welchen Instrumenten eine Verklanglichung der Strophe vom Bruder Tod erfolgen kann, üben und speichern die Endfassung auf dem digitalen Aufnahmegerät zur weiteren Verwendung in der Reflexionsphase.

4.4 Anwenden und Deuten: Die Sprache des Körpers – den Bruder Tod darstellen

Die Schülerinnen und Schüler arbeiten in Partner- oder Kleingruppenarbeit (**D6**). Sie erfinden Standbilder zu der neuen Strophe vom Bruder Tod und speichern ihre Standbilder zur weiteren Verwendung in der Reflexionsphase auf einer Digitalkamera oder einem Smartphone.

REFLEXION

4.5 Erklären und Erweitern: Laudato si – Ich lobe meinen Gott für den Tod! – Geht das wirklich?

Die Reflexionsphase beginnt mit einer Präsentation der Arbeitsergebnisse aus den Lernorten der Erschließungsphase. Anschließend initiiert die Lehrperson mit dem gemeinsamen Singen des Liedes *Laudato si* (**A9**) und der nun ergänzten siebten Strophe eine weitere theologische Gesprächsphase, die die Gedankengänge des Gesprächs aus der Einstiegsphase vertieft, ergänzt und vermutlich noch einmal verändert: „Ich lobe meinen Gott für den Tod! – Geht das wirklich?" Das Franziskus-Bild (**D7**) kann als Impuls in das Gespräch eingebracht werden: Franziskus im Kreis der von ihm im Sonnengesang gelobten Mitglieder der Schöpfungsfamilie, zu der dann auch Krankheit und Tod/Trauer (unten rechts und links neben Franziskus) gehören. Außerdem ist Franziskus mit den Wundmalen Jesu an Händen und Füßen dargestellt.

Schlüsselerlebnisse – Alternative Lernwege

Die alternativen Lernwege der Schlüsselerlebnisse gehen im Verlaufsplan einen umgekehrten Weg. Die übliche Sitzordnung kann beibehalten werden.

Zur Vorbereitung hat die Lehrperson eine Folie des Franziskus-Bildes (**D7**) für eine OHP-/Beamerprojektion erstellt, **A3** mehrfach nach Größe der Lerngruppe auf Karteikarten kopiert.

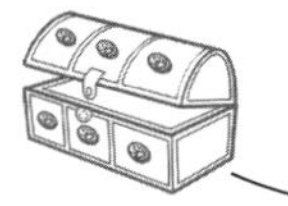

- Die Einstiegsphase beginnt mit dem Singen des schon bekannten Liedes *Laudato si* (**A9**). Anschließend präsentiert die Lehrperson das Franziksus-Bild (**D7**). Die einzelnen, von Franziskus gelobten Schöpfungselemente werden durch die Lerngruppe identifiziert, Vermutungen über die beiden Personen rechts und links neben Franziskus sowie die Wunden an Händen und Füßen angestellt.
- Die Erarbeitungsphase beginnt mit der Erzählung vom Tod und der Stigmatisierung des Franziskus (**D1**). Die Schülerinnen und Schüler erstellen in Einzelarbeit Bilder zu den nun neu hinzugekommenen Strophen und fügen sie in die Patchwork-Bilderwand aus der ersten Lernlandschaft ein.
- In der Reflexion initiiert die Lehrperson das theologische Gespräch: „Ich lobe meinen Gott für den Tod! – Geht das wirklich?“ Dazu werden auch die zwei noch ausstehenden Strophen des Liedes *Laudato si* (**A9**) gesungen.

Ein Brief des Leo

Liebe Schwestern und Brüder,

heute muss ich euch eine Nachricht überbringen, die uns alle betrifft: Unser Bruder Franziskus ist gestorben! Ja, unser Bruder Franz ist tot!

Vielleicht haben einige von euch diese Nachricht schon lange in ihrem Herzen erwartet. Die letzte Zeit zeigte, dass sein Körper keine Kraft mehr hatte. Ihr erinnert euch: Franziskus hatte die weite Reise in den Orient auf sich genommen, um vor dem Sultan al-Kamil im Namen Jesu um Frieden und Freundschaft zu bitten. Schon auf der langen Heimreise ging es ihm nicht gut. Er konnte kaum noch sehen, seine Augen drohten zu erblinden. Und sein Magen machte ihm schwer zu schaffen. Er konnte kaum noch essen.

Immer mehr hat er sich zurückgezogen. Bis er – nur in Begleitung weniger Brüder – eine kleine Felsnische auf dem Berg La Verna bezog. Dort war er ganz einsam, aber er war nicht allein: Denn Gott war mit ihm und er lobt Gott jeden Tag neu mit dem Lied, das ihr alle kennt:

(Hier werden die Karten des Sonnengesangs an die Lerngruppe verteilt. Die Karten werden nacheinander verlesen, ggf. auch zweimal und dann in einem weiten Kreis um die Figur des Franziskus in die gestaltete Mitte gelegt.)

Schwester Sonne, Bruder Mond, Bruder Wind und Schwester Wasser – für Franziskus ist alles, was Gott geschaffen, ein Bruder und eine Schwester. Und ich will euch nicht verheimlichen, dass Gott selbst für das Leiden, die Krankheit gelobt hat und dem Bruder Tod – ja, dem Bruder Tod – zwei neue Strophen seines Liedes geschenkt hat:

Ich lobe dich, Herr, mein Gott,
durch alle, die aus Liebe zu dir verzeihen,
für alle, die Krankheit und Leid ertragen
und in Frieden leben.

Ich lobe dich, Herr, mein Gott,
für den Bruder Tod.
Jeder Mensch muss sterben.
Aber alle Menschen kommen zu dir.

Dann, als unser Bruder Franziskus wusste, dass der Bruder Tod ganz nah ist, hat er sich in unsere kleine Kirche Portiuncula bringen lassen. Dort bat er uns: „Zieht mir die Kleider aus, legt mich nackt auf die Erde. Dort will ich sterben, ganz nahe bei unserer Mutter Erde.“

Wir zögerten, aber wir haben seine Bitte erfüllt: Nackt lag er dort auf Mutter Erde und erwartete Bruder Tod.

(Die Franziskusfigur wird entkleidet und hingelegt.)

Zum ersten Mal sahen die Brüder dann, was ich schon lange wusste: An den Händen und an den Füßen trug Franziskus dieselben Wunden wie Jesus einst am Kreuz.

(Das Franziskus-Jesus-Bild **C8** *wird zur liegenden Franziskusfigur gelegt.)*

Ist Franziskus wie ein Bruder Jesu? Sind Franziskus und Jesus wie Zwillinge?
Sollen wir wirklich weinen? Ist der Tod wirklich unser Bruder?
Das sind viele Fragen, die ich habe. Und jeder Bruder und jede Schwester des Franziskus wird eine eigene Antwort geben.

Es grüßt euch herzlich,
Euer Bruder Leo

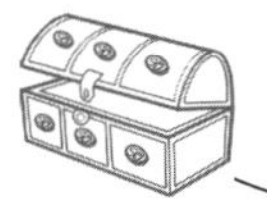

Die Franziskanische Bewegung bis zum Tod des Franziskus (Lehrerinfo)

Mit der Rückkehr aus dem Orient nach Italien 1219 zeichnet sich die letzte Lebensphase des Franziskus ab. Sie beginnt mit der Niederlegung der Ordensleitung, die er zunächst Petrus Cathanii, einem Weggefährten der ersten Stunde, übergibt. Franziskus selbst, an einem Augenleiden erkrankt, kehrt zu dem alten Ideal der Wanderpredigt und Heimatlosigkeit zurück, während der eigene Orden sich mit der zweiten, bullierten Ordensregel mehr und mehr von den ursprünglichen Lebensidealen des Franziskus entfernt.

Bedingt durch die Verschlechterung seines Gesundheitszustandes zieht sich Franziskus in eine Einsiedelei auf dem Monte Alverno (La Verna) zurück, wo er vermutlich 1224 den gesamten Sonnengesang dichtete oder aber nur die den Tod, Leiden und Krankheit sowie den Frieden betreffenden zwei Vers ergänzte.

In diesen zeitlichen Zusammenhang gehört auch der legendarisch ausgestaltete Bericht von der Stigmatisierung des Franziskus, für die die kirchliche Rezeption den 24. September 1224 annimmt, drei Tage nach dem Fest der Kreuzerhöhung, ein Fest, das an die legendarisch überlieferte Auffindung des vermeintlichen Kreuzes Jesu durch die Kaiserin Helena (um 350) und die Aufrichtung in der Grabeskirche in Jerusalem erinnert. Stigmatisierung des Franziskus und Kreuzigung Jesu werden durch diese Datierung aufeinander bezogen, die Stigmatisierung historisch legitimiert.

Die Stigmatisierung des Franziskus gilt als erster gesicherter Fall der Erscheinung von als Wundmale Christi identifizierten Wunden an Händen, Füßen und Seite. Die Echtheit dieser Stigmata mag vielleicht dadurch gesichert sein, dass die legendarischen Berichte nicht von einer Präsentation der Stigmata berichten, sondern davon erzählen, dass Franziskus sie nicht als Legitimation seiner Person als Nachfolger Christi ansah, vielmehr darum bemüht war, sie zu verbergen. Die Möglichkeit einer Selbstverletzung ist nur eine der Erklärungsversuche der Stigmata. Darüber hinaus werden mit Autosuggestion parapsychische Erklärungen und mit Hysterie psychoanalytische Erklärungsmuster vertreten. Deutlich ist allerdings auch, dass die Erscheinungsformen von Stigmata kulturell vermittelt sind, d. h. sie erscheinen dort, wo das kulturelle Umfeld Stigmata erwartet. Wunder und Bewunderer erzeugen damit ein religionssoziologisch zu deutendes System. Für die kirchliche und volksfrömmige Rezeption der Stigmatisierung als Wunder ist weniger deren jeweiliges Erklärungsmodell entscheidend, als vielmehr die Wahrnehmung der Stigmata als Ausdruck der völligen Identifikation des Franziskus mit dem leidenden und gekreuzigten Jesus Christus bis hin zur Deutung der Stigmatisierung als Offenbarungsereignis.

Franziskus stirbt am 3. Oktober 1226 in der kleinen Kirche in Portiuncula, nachdem er seine letzten Tage im Bischofspalast von Assisi verbracht hatte. Dort schreibt er auch sein Testament, ein Schriftstück, in dem sich ein Rückblick auf sein Leben, seine Lebensideale und die Sorge um die Zukunft der von ihm gegründeten Gemeinschaft vermischen. Dass der kirchenkritische Unterton, der aus diesem Schriftstück erklingt, auch vonseiten der Kirche vernommen wurde, zeigt sich daran, dass es durch eine päpstliche Bulle bereits 1230 für den Orden selbst als unverbindlich erklärt wird. Gegen seinen erklärten Willen wird der Leichnam des Franziskus von der Portiuncula nach Assisi zurückgebracht, wo er in der 1230 für diese Zwecke erbauten Doppelkirche San Francesco ruht. Seine Heiligsprechung erfolgt durch Papst Gregor IX. bereits zwei Jahre nach seinem Tod. Sein Mantel wird unter anderem zum Gegenstand der Reliquienverehrung.

Strophen vom Bruder Tod

Ich lobe dich, Herr, mein Gott,
für den **Bruder Tod**.
Jeder Mensch muss sterben.
Aber alle Menschen kommen zu dir.

Ich lobe dich, Herr, mein Gott,
durch alle, die aus Liebe
zu dir verzeihen,
für alle, **die Krankheit**
und Leid ertragen
und in Frieden leben.

Ich lobe dich, Herr, mein Gott,
für den **Bruder Tod**.
Jeder Mensch muss sterben.
Aber alle Menschen kommen zu dir.

Ich lobe dich, Herr, mein Gott,
durch alle, die aus Liebe
zu dir verzeihen,
für alle, **die Krankheit**
und Leid ertragen
und in Frieden leben.

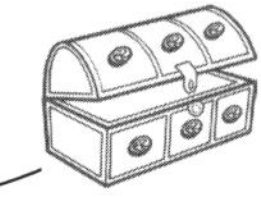

Ein Bild vom Bruder Tod (D4)

An diesem Lernort arbeitest du allein. Du wirst zu einer der neuen Strophen des Lobliedes ein eigenes Bild malen.

An diesem Lernort findest du folgendes Arbeitsmaterial:

- Die neuen Strophen des Lobliedes auf je einer Karteikarte
- Leere Zeichenkartons in der Größe einer Postkarte
- Verschiedene Malstifte

Deine Aufgabe:

☞ Du arbeitest für dich allein.

☞ Wähle eine der beiden neuen Strophe des Lobliedes aus.

☞ Male ein Bild zu dieser Strophe. Entscheide selbst, welche Malstifte du verwenden willst.

☞ Lege dein LOBLIED ALS GEMÄLDE zu der Textkarte der Strophe, damit deine Mitschülerinnen und Mitschüler, die an diesem Lernort arbeiten, das Bild betrachten können.

Das Lied vom Bruder Tod (D5)

An diesem Lernort arbeiten zwei oder mehr Partnerinnen und Partner zusammen. Ihr werdet die neuen Strophen des Lobliedes in Tönen und Klängen darstellen.

An diesem Lernort findet ihr folgendes Arbeitsmaterial:

- Die neuen Strophen des Lobliedes auf je einer Karteikarte
- Eine Auswahl von Musikinstrumenten
- Ein Aufnahmegerät

Eure Aufgabe:

☞ Ihr arbeitet mindestens zu zweit, nach Möglichkeit aber mit mehreren Personen.
- Hört euch noch einmal das LOBLIED IN TÖNEN auf dem Abspielgerät an.
- Lest die neuen Strophen noch einmal.
- Entscheidet gemeinsam: Welches Instrument passt zu diesen neuen Strophen? Welcher Klang oder welche Folge von Tönen können diese Strophen darstellen?

☞ Wenn ihr für jede Strophe ein Instrument gefunden habt, probt euer LOBLIED AUF DEN BRUDER TOD gemeinsam.

☞ Anschließend könnt ihr euer LOBLIED AUF DEN BRUDER TOD mit dem Aufnahmegerät aufzeichnen.

Der Bruder Tod in Bildern

An diesem Lernort arbeiten zwei oder mehr Partnerinnen und Partner zusammen. Ihr werdet gemeinsam ein Standbild zu den beiden neuen Strophen des Lobliedes gestalten.

An diesem Lernort findet ihr folgendes Arbeitsmaterial:

- Die neuen Strophen des Lobliedes auf einer Karteikarte
- Einen Fotoapparat

Eure Aufgabe:

☞ Ihr arbeitet mindestens zu zweit, nach Möglichkeit aber mit mehreren Personen.

☞ Eure Aufgabe ist es, die neuen Strophen des Liedes in einem Standbild darzustellen. Dafür macht ihr folgende Arbeitsschritte:

- Lest die Strophen noch einmal.
- Entscheidet gemeinsam: Welche Möglichkeiten gibt es, die neuen Strophen darzustellen?
- Probiert gemeinsam aus, wie euer Standbild aussehen soll. Es können auch mehrere Standbilder zu einer der Strophen entstehen.
- Wenn ihr eurer Standbild geprobt hat, macht max. 3 Fotos von eurem Standbild.

☞ Euer LOBLIED VOM BRUDER TOD IN BILDERN wird später euren Mitschülerinnen und Mitschülern vorgestellt.

Franziskus und der Sonnengesang

Frankfurt am Main, Liebfrauenkirche, Innenhof, Mosaik1979
Liebfrauenkirche in Frankfurt am Main, Innenhof, Sonnengesang des heiligen Franziskus
Von Sr. Maria Ludgera Haberstroh (Kloster Reute bei Bad Waldsee), Foto von Andreas Praefcke

5. Schatzkiste: Als Schwester und Bruder des Franziskus leben

Methodisch-didaktische Hinweise

MATERIAL

Anknüpfen	Die besonderen Schätze des Franziskus – Kirchbau und Heiligsprechung, Lebensregeln für seine Brüder und Schwestern	➠ Liedtext „Laudato si" (**A9**) als Handzettel, OHP- oder Beamerprojektion ➠ Figurenkegel Franziskus, 12 Figurenkegel, kleine Tuchstücke Braun und Rot ➠ Erzähltext Erinnerungen an Franziskus (**E1**) ➠ Schatzkiste, darin: ➠ Karteikarten: Texte aus der Regel des Franziskus (**E3**) ➠ Lehrerinfo: Die Heiligsprechung des Franziskus und die franziskanische Familie (**E2**)
Einfühlen und Deuten	Die besonderen Schätze des Franziskus – Lebensregeln für mich	➠ Lebensregeln für mich (**E4**) ➠ Rote und grüne Karteikarten blanko
Einfühlen und Deuten	Die besonderen Schätze des Franziskus – Mein Bild für die Kirche des Franziskus	➠ Mein Bild für die Kirche des Franziskus (**E5**) ➠ Buntstifte, Wachsmalkreide ➠ Malkarton DIN **A4**
Anwenden und Deuten	Die besonderen Schätze des Franziskus – Mein Friedensgebet für Assisi	➠ Mein Friedensgebet für Assisi (**E6**) ➠ Text des Friedensgebets (**E7**) ➠ Schreibblätter DIN **A4** blanko
Erklären und Erweitern	Wunschzettel an Papst Franziskus	➠ Bilder von Papst Franziskus (**E8**) ➠ Briefpapier, Schreibmaterial, Schatztruhe

VORBEREITUNG

Die gestaltete Mitte aus farbigen Tüchern und Schatzkiste wird wieder wie bekannt hergestellt. In der Schatzkiste befinden sich diesmal nur Sätze aus der Ordensregel des Franziskus (**E3**). Alle übrigen Materialien hat die Lehrperson für die Arbeit an den Lerninseln bereitgestellt.

ABLAUF

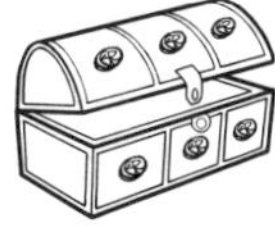

Der Einstieg im Sitzkreis mit aus den Tüchern gestalteter Mitte beginnt mit der Qualität ANKNÜPFEN. Die verschlossene Schatzkiste dient als Impuls für ein Gespräch über das, was nach dem Tod des Franziskus weiter passieren kann. Eine Lehrererzählung berichtet über Erinnerungsweisen an Franziskus: Kirchbau, Heiligsprechung und Ordensregel.

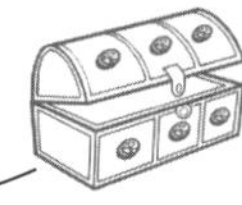

In der Erschließungsphase werden mit den Qualitäten EINFÜHLEN, DEUTEN und ANWENDEN die Möglichkeiten dieser Erinnerungsweisen durch exemplarische Auswahl einer Lebensregel, Gestaltung eines Bildes für die Kirche und Formulierung eines Gebetstextes erprobt.

Die Reflexionsphase mit den Qualitäten ERKLÄREN und ERWEITERN nimmt die Wahl des Papstnamens Franziskus durch Jorge Mario Bergoglio zum Anlass einer abschließenden kreativen Schreibarbeit.

LERNCHANCEN

Die Geschichte des Franziskus von Assisi ist auch nach seinem Tod nicht zu Ende. Sie wird durch Möglichkeiten der Erinnerungskultur im kollektiven, sozialen und kirchlichen Gedächtnis wachgehalten.

Mit dem Bau der Basilika über seiner Grabstätte in Assisi erhält seine Erinnerung – entgegen dem ausdrücklichen Wunsch des Franziskus – eine markante und monumentale Erscheinung. Assisi wird damit zur Pilgerstätte, die durch die von Papst Johannes Paul II. initiierten Friedensgebete, aber auch über die Reliquienverehrung hinaus Bedeutung bekommt.

Die schon wenige Jahre nach seinem Tod erfolgte Heiligsprechung zeichnet Franziskus als einen besonderen Christen aus. Die Heiligenverehrung wird sich nicht auf den spirituellen Kontext beschränken, sondern betont den Vorbildcharakter seines Lebens.

Die Erinnerung wird festgehalten in der Lebenspraxis von Menschen im franziskanischen Geist, die in den verschiedenen Formen der franziskanischen Familie nach den Lebens- und Ordensregeln des Franziskus leben und darin Orientierung finden. Das Anfang des letzten Jh. aufgefundene und dem Franziskus zugeschriebene Friedensgebet (**E7**) gehört in den Kontext dieser franziskanischen Gemeinschaften.

Mit der erstmaligen Wahl des Papstnamens Franziskus holte Jorge Mario Bergoglio die Lebensideale des Franziskus in das Bewusstsein vieler, nicht nur kirchlich engagierter Menschen.

Den Schülerinnen und Schülern wird in dieser abschließenden fünften Lernlandschaft die Möglichkeit geboten, sich mit diesen verschiedenen Formen der franziskanischen Erinnerungskultur auseinanderzusetzen. Sie erproben damit auch die Chance, die franziskanischen Lebensideale als Angebote und Hilfen wahrzunehmen – für Antworten auf die Frage, was es heißt, als Christin oder Christ in unserer Zeit zu leben.

Verlaufsplan

EINSTIEG

5.1 Anknüpfen: Die besonderen Schätze des Franziskus – Lebensregeln für seine Brüder und Schwestern

Der Einstieg beginnt wie bisher im Sitzkreis um die gestaltete Mitte, in der eine Schatztruhe steht. Anders als bei den vorherigen Lernlandschaften bleibt die Schatzkiste jedoch geschlossen. Nach dem gemeinsamen Singen des Liedes *Laudato si* (**A9**) initiiert die Lehrperson eine erste Gesprächsrunde: „Vier Schatzkisten haben wir in der vergangenen Zeit geöffnet. Jedes Mal lag darin etwas ganz Besonderes aus dem Leben von Franz, Bruder Franz. In der letzten Schatzkiste lag ein Brief mit der

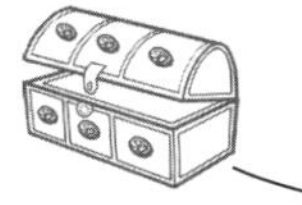

Nachricht vom Tod des Franziskus. Ist damit die Geschichte von Franziskus zu Ende? Was mag wohl in der letzten Schatzkiste sein? Ist sie vielleicht leer?“ Die Schülerinnen und Schüler stellen Vermutungen an, was in der Schatzkiste sein könnte. Anschließend erzählt die Lehrperson entsprechend **E1** die Geschichte vom Kirchbau in Assisi, der Heiligsprechung des Franziskus und dem Weiterwirken seines Lebensideals in der franziskanischen Familie. Zum Ende der Erzählung öffnen die Schüler und Schülerinnen die Schatzkiste, entnehmen einzeln die Karten mit Sätzen aus der franziskanischen Regel, verlesen sie und legen sie kreisförmig in die im Laufe der Erzählung gestaltete Mitte.

ERSCHLIESSUNGSPHASE

Die Erschließungsphase eröffnet die Möglichkeit, sich mit einem oder mehreren Aspekten aus der Erinnerungskultur des Franziskus zu beschäftigen. Die Schülerinnen und Schüler arbeiten in Einzelarbeit. Die von ihnen erstellten Produkte bleiben zunächst an den jeweiligen Lerninseln liegen und werden vor Beginn der Reflexionsphase in die gestaltete Mitte gebracht.

5.2 Einfühlen und Deuten: Die besonderen Schätze des Franziskus – Lebensregeln für mich

An diesem Lernort arbeiten die Schülerinnen und Schüler in Einzelarbeit (**E4**). Sie wählen eine Lebensregel aus, die sie befolgen möchten und eine, die sie als sehr schwer zu befolgen einschätzen. Auf grünen und roten Karten begründen sie ihre Wahl und legen die Karten zu den betreffenden Lebensregeln in der gestalteten Mitte.

5.3 Einfühlen und Deuten: Die besonderen Schätze des Franziskus – Mein Bild für die Kirche des Franziskus

Ein besonderer Erinnerungsort an Franziskus ist die Kirche in Assisi. Dort hat Giotto di Bondone 28 Szenen aus dem Leben des Franziskus gestaltet. Die Schülerinnen und Schüler gestalten für frei gewählte Szenen ebenfalls Bilder (**E5**). Dabei achten Sie darauf, dass keine Szene doppelt vorkommt.

5.4 Anwenden und Deuten: Die besonderen Schätze des Franziskus – Mein Gebet im Sinne des Franziskus

Die Schülerinnen und Schüler erhalten die Aufgabe, als mögliche Teilnehmer am Friedensgebet in Assisi ein Gebet für den Frieden zu formulieren An diesem Lernort liegt der Text des franziskanischen Friedensgebets (**E7**) als Anregung für ein eigenes Gebet aus.

REFLEXION

5.5 Erklären und Erweitern: Wunschzettel an Papst Franziskus

Die Reflexionsphase beginnt mit einer Präsentation der Arbeitsergebnisse aus den Lernorten der Erschließungsphase. Die Schülerinnen und Schüler haben die Möglichkeit, die Ergebnisse zu betrachten und die Autoren bzw. Künstler zu befragen.

Zur Bündelung der gesamten Arbeit zeigt die Lehrperson mehrere Bilder von Papst Franziskus (**E8**) und legt sie in die gestaltete Mitte. Die Bedeutung eines Papstes für die katholische Kirche wird erläutert und aus dem Vorwissen des Schülerinnen und Schüler erschlossen. Die Lehrperson sagt: „Jeder Papst gibt sich einen besonderen Namen einer Person aus der Geschichte der Kirche. Er sagt damit: Ich möchte in die

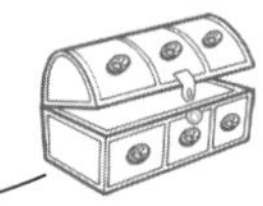

Fußspuren dieses wichtigen Menschen treten. Der jetzige Papst hat sich einen besonderen Namen gewählt, den noch kein anderer Papst vor ihm ausgewählt hat. Er nennt sich Franziskus. Viele Hoffnungen und Wünsche begleiten den Papst." Die Schülerinnen und Schüler erhalten die Aufgabe, Wunschzettel an den Papst zu schreiben. Dies kann in Einzelarbeit, aber auch in Partnerarbeit oder Kleingruppen erfolgen. Die Ergebnisse werden abschließend vorgetragen, die Wunschzettel werden in der Schatztruhe gesammelt.

Schlüsselerlebnisse – Alternative Lernwege

Die alternativen Lernwege der Schlüsselerlebnisse orientieren sich an den Lernangeboten, die aber nicht an Lerninseln, sondern in Einzel- oder Partnerarbeit in der üblichen Sitzordnung der Lerngruppe bearbeitet werden. Die Abfolge der Lernangebote lässt sich darüber hinaus auch so arrangieren, dass die Lehrperson die Erzählung zur weiteren Geschichte der franziskanischen Bewegung und den Ereignissen nach dem Tod des Franziskus in Etappen erzählt, an die sich jeweils eine Lernarbeit anschließt. Dabei kann die Lehrperson der Lerngruppe entsprechend eine Auswahl der Lernangebote aus den folgenden Erarbeitungsphasen 1–3 treffen. Die Beschränkung auf die Erarbeitungsphase 1 wird sich für jüngere Lerngruppen anbieten, bei älteren Lerngruppen sollte nicht auf die Erarbeitungsphase 3 verzichtet werden, da – wie die Erprobung zeigt – sehr intensive theologisch-ethische Gesprächsphasen initiiert werden können:

- In der Einstiegsphase deutet die Lehrperson an, dass nach dem Tod des Franziskus seine Geschichte noch nicht zu Ende ist.
- Für die Erarbeitungsphase 1 erzählt die Lehrperson zunächst die Geschichte vom Kirchbau in Assisi und der Ausmalung der Basilika mit den Fresken des Giotto di Bondone. Anschließend gestalten die Schülerinnen und Schüler eigene Bilder entsprechend dem Arbeitsauftrag in **E5**. Die Bilder werden an der Tafel oder besser an einer Seitentafel in einer Bilderwand zusammengestellt.
- In der Erarbeitungsphase 2 erzählt die Lehrperson von der Heiligsprechung des Franziskus und dem Weltgebetstreffen in Assisi. In Einzel- oder Partnerarbeit werden Gebetstexte für ein solches Treffen formuliert. Die Lehrperson entscheidet, ob für diese Lernarbeit der Text des franziskanischen Friedensgebets (**E7**) als Vorlage dient und ggf. durch eine OHP-/Beamerprojektion sichtbar für alle gezeigt wird.
- In der Erarbeitungsphase 3 erzählt die Lehrperson von den einzelnen Gemeinschaftsformen der franziskanischen Familie und den Lebensregeln des Franziskus und liest einzelne diese Lebensregeln (**E3**) vor. Im Unterrichtsgespräch beraten die Schülerinnen und Schüler, ob es möglich ist, heute nach diesen Regeln zu leben.

Für die Reflexion versammelt sich die Lerngruppe vor der Bildwand. Wer möchte, darf seinen Gebetstext verlesen und zu einem geeigneten Bild an der Bildwand heften. Texte aus den Lebensregeln können auch erst jetzt verlesen werden und initiieren ein abschließendes Kontroversgespräch: „Als Christin, als Christ nach diesen Regeln leben, geht das?"

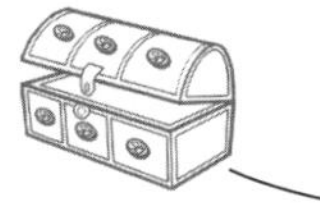

Erinnerungen an Franziskus

Erinnerst Du dich? Bruder Leo hat uns vom Tod des Franziskus erzählt.

(Ein Stückchen braunes Tuch wird in die Mitte gelegt.
Im Folgenden wird darauf die Franziskus-Figur gelegt, darum vier Figurenkegel stehend.)

Franziskus hat gesagt: „Zieht mir die Kleider aus, legt mich nackt auf die Erde. Dort will ich sterben, ganz nahe bei unserer Mutter Erde.“ Seine Freunde erfüllen seinen Wunsch.

Franziskus will in der kleinen Kirche Portiuncula beerdigt werden, dort wo er sich immer mit seinen Freunden getroffen hatte. Sollte dies eintreffen?

Nein! Es sollte alles ganz anders kommen, als sich das Franziskus vorgestellt hat!

Die Menschen sagen: „Es ist traurig, dass Franziskus gestorben ist. Aber er ist ein so wichtiger Mensch. Er hat gelebt, wie Jesus es wollte. Wir wollen ihn nicht vergessen. Wir wollen ihn in Erinnerung behalten. Wir wollen ihm **eine große Kirche** bauen. Dort soll er begraben werden.“

Und tatsächlich! So ist es gekommen.

In Assisi, der Stadt, in der Franziskus geboren wurde und viele Jahre gelebt hat, wird eine große Kirche gebaut, ja eigentlich sind es sogar zwei Kirchen übereinander, eine Oberkirche und eine Etage tiefer eine Unterkirche. Bereits zwei Jahre nach dem Tod des Franziskus wird mit dem Bau dieser großen Kirche begonnen. In dieser Doppelkirche wird er bestattet.

(Neben die Installation in der gestalteten Mitte wird ein kleines rotes Tuch genommen.
Die Franziskusfigur wird auf das Tuch gelegt und mit einem weiteren roten Tuch bedeckt.
Die vier Figurenkegel werden im Kreis um das Grab gestellt und durch weitere acht Figurenkegel ergänzt.)

Und bald darauf malt ein großer Künstler die Kirche mit Bildern aus dem Leben des Franziskus aus.

(Ggf. können an dieser Stelle auch noch einmal die Lesefenster aus der Schatzkiste 3 kreisförmig aufgestellt werden.)

Was meinst Du? Was sagen die Freunde und Freundinnen des Franziskus dazu?

Einige sagen: „Das ist gut. Eine solche große Kirche wird überall gesehen. Niemand wird vergessen, dass Franziskus hier begraben liegt. – Andere sagen: „Das ist nicht gut. Franziskus wollte das nicht. Er wollte begraben werden so wie er gelebt hat: In einer kleinen Kapelle, ganz nah bei Mutter Erde.“

Und noch etwas Besonderes passiert. Die Menschen sagen: „Franziskus ist ein besonderer Mensch gewesen. Er wollte leben wie Jesus. Er hat uns gezeigt, wie man wie Jesus leben kann. Er ist ein Vorbild. Er gehört zu Gott. **Er ist ein Heiliger.**“

Und tatsächlich! So ist es gekommen.

Schon zwei Jahre nach seinem Tod wird Franziskus vom Papst in Rom heiliggesprochen. Nun heißt er der heilige Franziskus. Sein Namenstag ist der 3. Oktober. An diesem Tag wird besonders an ihn gedacht.

Eine Kirche, die an Franziskus erinnert. Eine Heiligsprechung – damit wir Franziskus nicht vergessen. Gibt es noch andere Möglichkeiten, sich an Franziskus zu erinnern? Was meinst Du?

(Die Schülerinnen und Schüler sammeln weitere Ideen, z. B. Geschichten von ihm erzählen, Bilder malen, den Sonnengesang singen ...)

Eine besondere Erinnerung an Franziskus liegt noch in unserer Schatzkiste. Noch vor seinem Tod hat **Franziskus Sätze** aufgeschrieben. Das sind kleine **Sätze für Menschen, die so leben wollen, wie er es für wichtig hielt**. Du findest sie in der Schatzkiste. Ich habe die Sätze so aufgeschrieben, damit wir heute sie verstehen können.

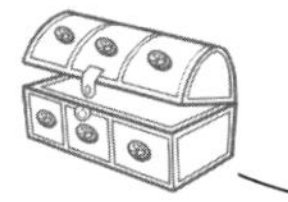

Die Heiligsprechung des Franziskus und die Franziskanische Familie (Lehrerinfo)

Franziskus stirbt am 3. Oktober 1226 in der kleinen Kirche in Portiuncula, nachdem er seine letzten Tage im Bischofspalast von Assisi verbracht hatte. Dort schreibt er auch sein Testament, ein Schriftstück, in dem sich ein Rückblick auf sein Leben, seine Lebensideale und die Sorge um die Zukunft der von ihm gegründeten Gemeinschaft vermischen. Dass der kirchenkritische Unterton, der aus diesem Schriftstück erklingt, auch vonseiten der Kirche vernommen wurde, zeigt sich daran, dass es durch eine päpstliche Bulle bereits 1230 für den Orden selbst für unverbindlich erklärt wird. Gegen seinen erklärten Willen wird der Leichnam des Franziskus von der Portiuncula nach Assisi zurückgebracht, wo er in der 1230 für diese Zwecke erbauten Doppelkirche San Francesco ruht. Seine Heiligsprechung erfolgt bereits zwei Jahre nach seinem Tod durch Papst Gregor IX. Sein Mantel, der sich in der Kirche Santa Croce in Florenz befindet, wird unter anderem zum Gegenstand der Reliquienverehrung. Sein Namenstag ist in der katholischen Kirche der 4. Oktober.

Gerade in gemischt-konfessionellen Lerngruppen ist auf einen differenzsensiblen Umgang mit dem Thema Heilige(-nverehrung) zu achten: Ausgehend vom Apostolischen Glaubensbekenntnis („Ich glaube ... an die Gemeinschaft der Heiligen) werden in der evangelischen Kirche alle getauften Christinnen und Christen als Heilige und damit „zu Gott gehörig“ bezeichnet. In der römisch-katholischen Kirche werden darüber hinaus Heilige als Menschen verehrt als „zwar Schicksalsgenossen unserer Menschlichkeit, dennoch vollkommener dem Bilde Christi gleichgestaltet.“[1] Damit sind sie nicht nur besondere Christinnen und Christen, sondern können als Fürbitter vor Christus und Gott im Gebet angerufen werfen. Die Heiligsprechung ist heute ein durch die katholischer Kirche genau reglementiertes Verfahren. Zur Zeit des Franz von Assisi galt eine allgemeine Verehrung eines besonderen Christen als möglicher Impuls zu einer Heiligsprechung durch den Papst.

Die Orientierung an den Lebensidealen des Franz von Assisi wirkt bis heute in unterschiedlichen Lebensweisen fort. Die unterschiedlichen Gemeinschaften verstehen sich dabei als Zweige einer großen franziskanischen Familie[2]:

---

1 Aus Lumen gentium 50: http://www.vatican.va/archive/hist_councils/ii_vatican_council/documents/vat-ii_const_19641121_lumen-gentium_ge.html.

2 Weitere Informationen auf: http://www.franziskaner.de/FRANZISKANISCHE-FAMILIE.16.0.html und http://ccfmc.net/franziskanische-familie-weltweit.

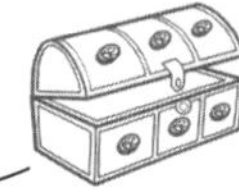

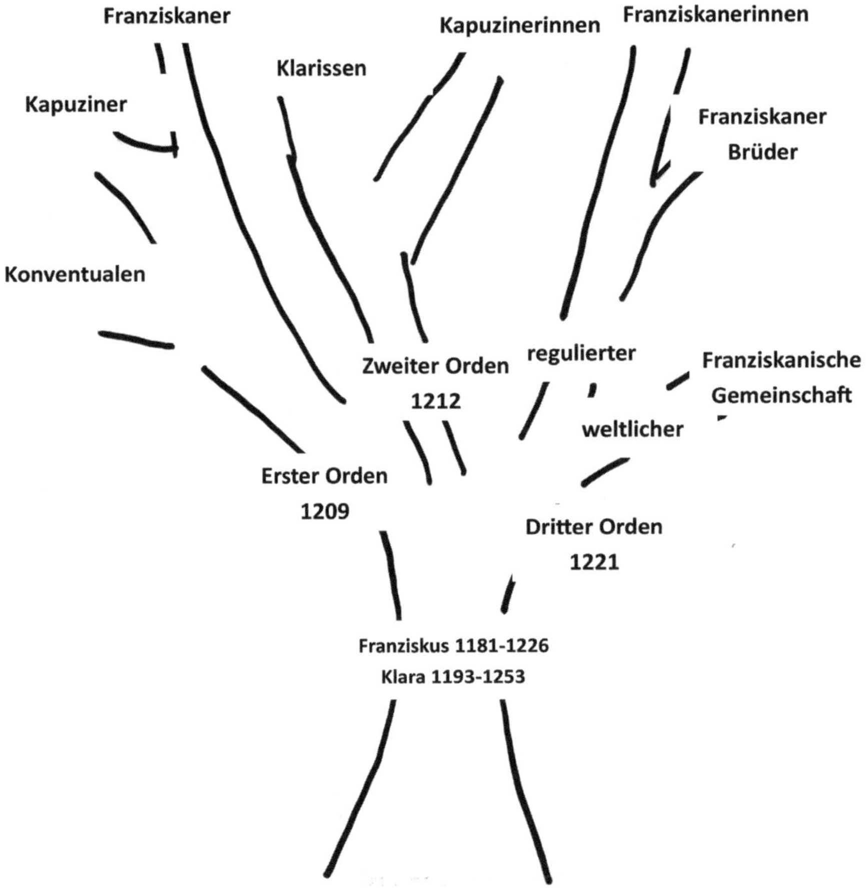

Die Gemeinschaften des ersten Ordens leben nach der Ordensregel des Franziskus, die Gemeinschaften des zweiten Ordens nach der Regel, die auf Klara von Assisi zurückgeht.

Zur Gruppe des dritten Ordens (Tertiarier) gehören eine Vielzahl von Gemeinschaften, die den franziskanischen Lebensideale entsprechend, verheiratet oder ehelos, als Laien oder Priester, leben. Zu diesen Tertiariern zählen sich auch einige evangelische Gemeinschaften.[3]

3 Z. B. http://www.hochkirchliche-vereinigung.de/EFT.htm.

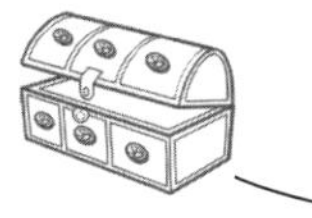

Sätze aus der Regel des Heiligen Franziskus

Du verkaufst alles, was du hast, und spendest es den Armen.

Du fastest zwei Mal im Jahr für einige Zeit.

Wenn du arbeitest, nimmst du kein Geld als Lohn, sondern nur Lebensmittel.

Du bist immer heiter und freundlich.

Du kümmerst dich besonders um Arme, Kranke und Behinderte.

Du freust dich so zu leben, wie die Natur es dir schenkt.

Du vermeidest Alkohol und andere Drogen.

Du hast die Menschen gern, die mit dir zusammen sind.

Du bist mild und friedfertig. Du bist bescheiden.

Wenn nötig, gehst du betteln.

Du trennst dich von deinen Eltern und allen Verwandten und lebst mit den Menschen zusammen, die wie Franziskus leben.

Du nimmst jeden Menschen gastfreundlich auf, auch wenn du weißt, dass er ein Dieb oder Räuber ist.

Du brauchst nur die Kleidung, die du am Leib trägst, und eine Garnitur zum Wechseln.

Du machst dir um nichts Sorgen.

Du bist niemandem böse, auch wenn jemand dir etwas Böses getan hat.

Du erzählst jedem fröhlich von Jesus Christus.

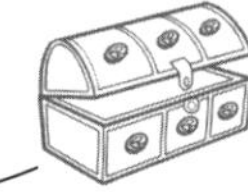

Lebensregeln für mich? (E4)

In der Schatzkiste haben wir diesmal Lebensregeln gefunden, die Franziskus aufgeschrieben hat, um den Menschen, die ihm zuhören, zu sagen: Wenn ihr nach diesen Regeln lebt, lebt ihr als meine Schwestern und Brüder.
Einige dieser Regeln sind leicht zu befolgen, andere aber sind richtig schwer und du fragst dich: Könnte ich das auch so tun?

Deine Aufgabe:

☞ Lies die Lebensregeln in der Mitte unseres Sitzkreises noch einmal aufmerksam durch.

☞ Wähle dir eine der Lebensregeln aus, von der du sagst: Das finde ich gut und richtig. Das kann ich auch machen.
- Schreibe diese Lebensregel auf eine grüne Karte und begründe deine Wahl: Diese Regel ist wichtig, weil ...

☞ Wähle anschließend eine Lebensregel aus, von der du sagst: Diese Regel ist schwer zu befolgen.
- Schreibe diese Lebensregel auf eine rote Karte und begründe deine Wahl: Diese Regel ist sehr schwer, weil ...

☞ Lege deine Karte an diesem Lernort aus.

Mein Bild für die Kirche des Franziskus (E5)

Für die Grabstätte des Franziskus wurde eine große Kirche in seiner Heimatstadt Assisi in Italien gebaut. Ein berühmter Maler hat sie mit 28 Bildern aus dem Leben des Franziskus ausgestaltet. Sie zeigen, was von Franziskus in Erinnerung bleiben soll.

Deine Aufgabe:

☞ Stell dir vor, dass du für Franziskus eine Kirche mit solchen Bildern schmücken sollst.
- Wähle eine Erinnerung, eine Geschichte oder einen Satz des Franziskus aus und male dazu ein Bild.

☞ Lege dein fertiges Bild an diesem Lernort aus, damit andere nach dir nicht ein Bild zu der gleichen Geschichte malen, sondern sich etwas anderes überlegen.

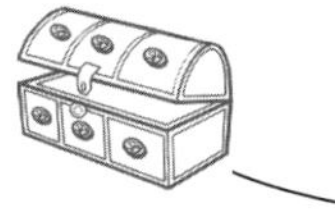

 E6–7

Mein Gebet für das Weltgebetstreffen von Assisi (E6)

Bereits vier Mal haben sich Vertreter unterschiedliche Religionen auf Bitten des Papstes in Assisi getroffen, um miteinander für den Frieden in der Welt zu beten. Wir wissen nicht, was die Vertreter der Religionen gebetet haben, denn jeder hat für sich allein gebetet.

Eure Aufgabe:

 Stell dir vor, du nimmst an dem Treffen teil und betest allein. Was wirst du sagen?

- Formuliere ein Gebet mit mindestens vier Sätzen.

An diesem Lernort findest du den Text einen Gebets, das vor fast 100 Jahren in einer franziskanischen Gemeinschaft in Frankreich gefunden wurde. Es ist im Sinne des Franziskus geschrieben worden. Vielleicht hilft es dir bei dem Schreiben deiner vier eigenen Gebetssätze.
Falte deinen Gebetszettel anschließt zusammen und leg ihn in die Schale.
Wir lesen die Texte nachher in unserem Kreisgespräch.

Das Franziskanische Friedensgebet (E7)

Herr, mach mich zu einem Werkzeug deines Friedens,
dass ich Liebe übe, wo man hasst;
dass ich verzeihe, wo man beleidigt;
dass ich verbinde, wo Streit ist;
dass ich die Wahrheit sage, wo der Irrtum herrscht;
dass ich den Glauben bringe, wo der Zweifel drückt;
dass ich die Hoffnung wecke, wo Verzweiflung quält;
dass ich Licht entzünde, wo die Finsternis regiert;
dass ich Freude bringe, wo der Kummer wohnt.
Herr, lass mich trachten:
nicht, dass ich getröstet werde, sondern dass ich tröste;
nicht, dass ich verstanden werde, sondern dass ich verstehe;
nicht, dass ich geliebt werde, sondern dass ich liebe.
Denn wer da hingibt, der empfängt;
wer sich selbst vergisst, der findet;
wer verzeiht, dem wird verziehen,
und wer stirbt, der erwacht zum ewigen Leben. Amen.

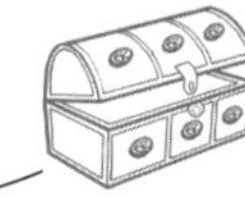

Papst Franziskus